文豪ストレイドッグス

BUNGO STRAY DOGS

公式国語便覧

監修＝文豪ストレイドッグス製作委員会　著＝佐柄みずき

KADOKAWA

ぶん-ごう【文豪】文学や文章の大家。きわだってすぐれた文学の作家。

小学館『日本国語大辞典　精選版』(二〇〇六)

一、次の人名は、キャラクターについて述べる時のみ（　）内の字を用いた。
・福澤（沢）諭吉
・森鷗（鴎）外

一、資料を引用する際は、読みやすさを考慮し、原則として漢字は新字体に改め、旧仮名遣いを現代仮名遣いに改めた。

一、「あらすじで読む」コーナーでは、一部原作で固有名詞やそれに準ずるものとして使用されている箇所について、今日の人権意識に照らして不適切と思われる語句や表現があるが、発表当時の時代的背景と作品の価値とにかんがみ、そのままとした。

一、年号は原則として西暦を用いた。

一、人物の年齢は数え年でなく、満年齢で表記した。

Contents

文豪ストレイドッグス
BUNGO STRAY DOGS

［原作］
朝霧カフカ

［漫画］
春河35（「ヤングエース」連載）

［監督］
五十嵐卓哉

［シリーズ構成・脚本］
榎戸洋司

［キャラクターデザイン］
新井伸浩

［総作画監督］
新井伸浩

［アニメーション制作］
ボンズ

［装丁・デザイン］
佐々木基

［編集］
黒田光穂

［編集長］
細田朋幸

［協力］
鈴木麻里
柴田亜矢
渡木翔紀
（ボンズ）

加藤浩嗣
伏島夏希
倉兼千晶
西川千裕
（KADOKAWA）

［校正・校閲］
鴎来堂

［描き下ろし］
（＊カバー・ブロマイドカード・ポスター）
原画＝舛田裕美
仕上＝小林美穂
背景＝近藤由美子
特効＝イノイエシン

Bungo Stray Dogs
Official Handbook of
Japanese Modern Literature and Great Writers

第壱幕

武装探偵社
社員名簿

Company Directory

中島　敦
太宰　治
国木田　独歩
江戸川　乱歩
谷崎　潤一郎
宮沢　賢治
与謝野　晶子
泉　鏡花
福沢　諭吉

武装探偵社

能力名：月下獣《ゲッカジュウ》

Atsushi Nakajima

中島敦

Data | 年齢：18歳 | 身長：170cm | 体重：55kg

——人は誰かに「生きていいよ」と云われなくちゃ生きていけないんだ！

孤児院《こじいん》を追い出され路頭《ろとう》に迷っていた少年。川に流されていた太宰《だざい》を助けたことから武装探偵社と関わる事になる。虎に荒らされ立ち行かなくなった孤児院からの追放を口減《くちべ》らしのためと思っており、自身を追ってきた虎の影に怯《おび》えているが、実際は彼自身が白虎に変身する「月下《ゲッカ》獣《ジュウ》」の異能力《いのうりょく》保持者だった。「人虎《じんこ》」として闇市で七十億の懸賞金をかけられ、マフィアに追われている。探偵社の入社試験では爆風を抑えるため身を挺《てい》してみせる勇敢《ゆうかん》さを示した。自己肯定感が著《いちじる》しく低いものの、対梶井基次郎《かじいもとじろう》戦では電車内の乗客を助けることに己の生きる価値を見出そうとする。暗殺者としてマフィアに操られていた泉鏡花の境遇に共感と同情を感じ、彼女を救うべく奔走《ほんそう》した。マフィアに攫《さら》われた自身を見捨てず助けに来た探偵社を信頼している。

中島敦

→虎を恐れていた敦だったが、彼こそが人虎であった

Q&A

Q 「月下獣」はなぜ〝虎〟か

A.「月下獣」の異能を持つ敦と同名の作家・中島敦の作品「山月記《さんげつき》」では、暗い夜の山林で、主人公である袁傪《えんさん》が虎と化したかつての親友、李徴《りちょう》と出会う。虎となった李徴は、一日のうちに心が人間でいる時間と、虎でいる時間とがあると話す。敦が虎に変身する「月下獣」の能力を自覚していなかったのは、虎になっている間の記憶がなかったせいだ。同様に「山月記」の李徴も、虎の心であった時間に、何をしていたのか記憶がない。「山月記」では李徴の身体は虎のまま人間に戻ることはなく、心だけが人間と虎との間を行き来している。一方の敦は、身体と心がそれぞれ人間と虎の面を持っているのだ。初めは人間の身体と人間の心、虎の身体と虎の心として分離していた敦は、武装探偵社員として戦う日々の中で人間の心を持ちながら虎の身体を制御しつつある。これは、「山月記」の李徴が虎の身になって初めて人間だった頃の己を後悔したのと異なり、人間である敦と虎である敦とが相互に関わりながら共存することを可能にしている。

Q 敦と横浜には関係があった?

A.『文豪ストレイドッグス』の舞台となっている横浜には、かつて横浜高等女学校があった。作家・中島敦は二十四歳で大学を卒業してから横浜高等女学校の教師となり、国語と英語、のちに歴史と地理も教えた。若くのびのびとした性格の中島敦は、学校では一番の人気者で、授業の時にはいつも教卓に花が飾られていたという。当時学校が横浜の元町《もとまち》近くにあったため、同僚たちと中華街で食事をすることもあった。中島敦は洒落《しゃれ》て国際的だった横浜の風景を愛し、その風景を詠《よ》んだいくつもの歌を残している。

↑『文豪ストレイドッグス』には横浜の街並みが多く登場する

あらすじで読む

山月記

　昔、中国に李徴《りちょう》という才能に溢《あふ》れ、若くして役人になった男がいた。李徴は漢詩作りで名を立てたいと思っていたもののうまくいかず、ある時旅先で気がおかしくなり闇の中に駆《か》けだしたまま、行方《ゆくえ》知れずになってしまった。

　その翌年のこと。役人として地方を回る袁傪《えんさん》という男が、人喰い虎が出るという噂の土地で本当に猛虎《もうこ》に出くわしてしまう。しかし、袁傪に襲いかかるように見えたその虎は、なぜか身を翻《ひるがえ》し草むらに隠れた。聞こえてきた「あぶないところだった」という声に聞き覚えのあった袁傪は叫んだ。

「その声は、我が友、李徴子ではないか?」——虎は、袁傪のかつての親友・李徴だった。

　袁傪はなぜ虎の姿になってしまったのかを訊《たず》ねた。姿を消したその夜、李徴は自分の名を呼ぶ声を聞いた。その声を追って走るうち、いつの間にか虎の姿に変化していたのだ。

　李徴は、未《いま》だ発表できていない漢詩を書き記してほしいと頼んだ。その願いに応えた袁傪は、素晴らしい漢詩に感心しながらも、第一流の作品となるためにはどこか欠けたところがあると感じた。

　漢詩を詠じ終えた李徴は、虎になった原因について思い当たることがあるという。人間だったころ李徴はしばしば尊大だと言われていた。李徴はそれを臆病な自尊心と尊大な羞恥心のせいだという。自分に才能が無いことを恐れて努力することを怠り、自分に才能があることを信じている面もあるために平凡な人々と仲良くすることもできなかった。尊大な羞恥心という猛獣が李徴を蝕《むしば》み、外形を内心にふさわしい虎へ変えてしまったのだ。

　李徴と別れた袁傪の一行《いっこう》が近くの丘から振り返ると、先ほどの場所に一匹の虎が姿を現し二言三言吠えた。そして、虎は二度と現れなかった。

Key words

人虎伝　才能　自尊心　後悔

あらすじで読む

光と風と夢

『宝島』の作者、ロバァト・ルゥイス・スティヴンスンは三十五歳で喀血《かっけつ》して以来健康に暮らせる土地を求めていた。十一歳年上の妻・ファニイとの旅の末、落ち着いたのはサモア。ここで彼は四百エーカーの土地を買い、先住の人々を指揮して開墾をおこなった。自分の力で土地を切り開き生活を作り上げていくことは箱庭遊びにも似た喜びに満ちていた。

　翌年には妻の連れ子ロイドやスティヴンスンの母もやってきて共に暮らすことになる。スティヴンスンは「ツシタラ」(サモア語で「物語の語り手」)であることを自認していたが、サモアで執筆している「南洋だより」は英国の読者に不評のようだった。読者が望むのは極彩色の文章で描かれる南海での猟奇《りょうき》的冒険であり、南海の状況報告ではなかったのだ。

　スティヴンスンがサモアの状態を母国へ伝えようとやっきになった背景には、サモアに住む白人たちへの反発があった。白人たちがサモアに来ていたのは金儲けのためであり、スティヴンスンのように島や島の人々を愛しているためではなかったのだ。

　当時サモアには五つの称号があった。そのうちの三つを持つラウペパが国王、他の称号を持つタマセセとマターファは交互に副王になると決まっていた。白人たちの策略によりラウペパが傀儡《かいらい》の王となった時、サモアの人々は人望のあるマターファが次の王となるべきだと考えた。二人の間に立つことになったスティヴンスンは体の不調を感じながらも二人と会談し、マターファへ深い共感を感じる。しかし、病気に罹《かか》っている間に情勢はマターファへ不利なものとなっていた。そして王位を巡る戦争が始まり、ラウペパ軍が勝利した。

　その後もマターファ側に友情を感じ続けたスティヴンスンのために、首長たちは道路を作って感謝を表した。

　そんな彼の葬儀には大勢のサモアの人々が参列したのだった。

Key words

植民地　南洋　部族

異文化交流

1 min
1分でわかる

中島敦

中島敦は、一九〇九年五月五日、東京にある母方の実家で生まれた。同じ歳の作家には太宰治がいる。生まれて間もなくして両親が事実上の離婚状態となり、埼玉の父の実家に引き取られた。小学校は奈良と静岡、十一歳で京城（現在のソウル）に引っ越し、十七歳まで暮らした。学業は優秀でほぼ毎年優等賞を貰っていたという。旧制中学は五年制だったが、学業優秀な敦は四年で高等学校を受験し、四年修了ののちは第一高等学校文科甲類に入学した。一年時の成績は三番目とここでも優秀さを発揮した。高等学校二年生の年に肋膜炎《ろくまくえん》を発症し、一年休学。現存する敦の書いた原稿で最も古い「病気になった時のこと」は、入院中の体験がつづられている。この療養期間が明けたころから学内雑誌『校友会雑誌』に作品を発表するようになる。東京帝国大学卒業論文の「耽美《たんび》派の研究」では森鷗外《もりおうがい》や谷崎潤一郎について論じた。

一九三三年二十四歳で横浜高等女学校の教師となり一九四一年まで勤める。この仕事は元々敦の父・田人《たびと》に来た話だったという。既に結婚して妻子があったにもかかわらず、敦は赴任後しばらくの間は家族を呼び寄せず単身赴任した。担当教科は国語と英語、のちには歴史と地理も教えた。その後一九四一年南洋庁のあったパラオへ国語編修書記として赴任した。同年太平洋戦争勃発。一九四二年東京都世田谷区にて持病の喘息発作を起こし、三十三歳という若さで亡く

←「山月記」は、「人虎伝」をもとにして書かれた

中島敦

なった。

中島家は祖父・慶太郎（号・撫山《ぶざん》）の代から漢学を家学としており、敦自身も漢学に親しんでいたという。秀才として名高かった敦が精通していたのは漢学だけではない。教師時代に受け持っていた課目は四課目にわたり、作家のスティーヴンソンを主人公にした「光と風と夢」を著《あらわ》したほか、D・Hロレンスやハックスレイの翻訳もおこなった。

敦が作家としてデビューした作品は一九四二年『文学界』発表の「山月記」と「文字禍」だった。他二篇を加えて『古譚《こたん》』とされる四作品は古代を舞台にしている。「山月記」は清朝の説話集『唐人説薈』の中の「人虎伝」をもとに書かれた。重厚な文体で近代的な人間の有様を描いている。

横浜高女時代の敦は学生たちから「トン先生」と呼ばれて親しまれ、学校では一番の人気教師だったという。敦が授業をする際には教卓に花が飾られ、次の先生が来る前には片付けられていたという。しかしながら身体が弱かった敦は喘息の発作に耐えかね、一九四一年から一年の休職を選んでいる。その後は南洋庁の職員となり、国語編修書記としてパラオ島などの太平洋上の島々を巡った。敦自身その以前から南洋の地での療養を望んでいたために、この転職は彼の希望通りとなった。南洋の生活についてはタカ夫人宛てに書簡を送っている。しかしながら南洋の空気が喘息に悪いことを知り、一九四二年に一時帰国する。その際「山月記」「文字禍」の評判を知った。帰国してから発表された「光と風と夢」は芥川賞の候補となったが、落選。文壇へは新しい風を吹かせた。

→大学時代に江戸時代の天才棋士・天野宗歩《そうふ》の棋譜を全て読破するほど将棋好きだった敦は、一九四一年の横浜高女卒業生から将棋盤を贈られた。写真は一九三四年二月のもの

Gallery
写真で見る中島敦

東京帝国大学大学院学生証。
(神奈川近代文学館所蔵)
一九三三年より横浜高女での教師生活をスタートさせたため、籍を置いていた大学院は翌年に中退している

一九二六年七月、第一高等学校入学のころの写真。一年次の成績は三番であった

一九一〇年二月、生後九カ月の敦

一九四〇年八月ごろ、自宅の庭で。この年の一月三十一日に次男の格(のぼる)が誕生し親子四人となった。
その四人に加えて、写真には義妹・貞も写っている

一九三七年ごろ、長男の桓(たけし)と自宅で。一九四一年からパラオに赴任した敦は、妻や息子、父にあてて毎日のように手紙を書いていた。息子たちへの絵はがきはたくさん残っており、その文面からはよき父としての敦の姿がうかがえる

中島敦

一九三七年五月、横浜高女
一年一組のクラス写真。
敦は前列中央に座っている

一九三七年一月、雑誌部の新年会で。この年から喘息の発作が度重なり、敦は雑誌部の部長を辞し、園林部に入っている

横浜高女の一九四一年卒業生クラス会での一枚。写真が撮られたのは一九四二年七月二十六日、森永キャンデーストアーで。これが、敦の生前最後の写真となった

一九四〇年九月一日、
横浜小湊でヨットに乗る敦

武装探偵社

能力名：人間失格《ニンゲンシッカク》

Osamu Dazai

太宰治

Data｜年　齢：22歳　｜身　長：181cm　｜体　重：67kg

生き方の正解を知りたくて、
誰もが闘《たたか》ってる

敦を武装探偵社に推薦した青年。美人に目がない。自殺嗜癖《マニア》であり、敦と出会った際にも入《じゅ》水《すい》自殺を試みていた。触れただけで他の異能力を無効化する異能力「人間失格《ニンゲンシッカク》」の保有者。人を言葉巧《たく》みに丸め込むことが得意で、国木田や敦はよく被害にあっている。一見飄々《ひょうひょう》とした性格だが策に優れ、単独でポートマフィアのもとへ乗り込む大胆《だいたん》さも持ち合わせる。探偵社に入る前に何をしていたのかは謎に包まれ、前職を当てた者への賞金は七十万まで膨《ふく》れあがっている。実際はマフィアの元歴代最年少幹部。部下の敦を守るために奔走《ほんそう》する一方、元部下の芥川に対しては挑発的な言動を繰り返す一面も。検事局に渡せばマフィア幹部全員を百回死刑にできるほどの秘密を摑《つか》んでおり、その秘密を楯《たて》にして、懸賞金を狙っていたマフィアを敦から遠ざけた。敦の自己肯定感の低さを気にかけている。

Q&A

→作家の太宰は女性にモテたというが、『文スト』太宰も気づくと女性を口説く……もとい、心中に誘っている

Q 作家・太宰は芥川に憧れていた?

A. 一九二七年の七月、作家の芥川龍之介が自殺した。当時、弘前《ひろさき》高校の一年生だった太宰はこの出来事に強い衝撃を受ける。太宰はかねてから芥川の作品を愛読し傾倒《けいとう》していたらしく、「芥川龍之介」という名前が書き連ねられたノートも残っている。一九四八年には連載していた「如是我聞」の中で「芥川の苦悩がまるで解っていない」と同じく作家の志賀直哉《しがなおや》を非難した。また、一九三五年には「逆行」などで第一回芥川賞候補に挙がるも落選。賞が欲しいあまりに選考委員だった佐藤春夫らに哀願の手紙を送っていた太宰だったが、受賞はかなわなかった。

Q たびたびの自殺未遂?

A. 作家・太宰治は三十九年の生涯で幾度も自殺未遂を繰り返した。一回目の自殺未遂は二十歳の時。弘前高校の二学期末試験がはじまる前日の夜に睡眠薬カルモチンを大量に飲んで昏睡《こんすい》状態に陥った。カルモチンは自殺のため準備したものではなく、常備薬として日頃から眠れない夜に服用している薬だった。翌日には回復。兄たちと口裏を合わせて神経衰弱により睡眠薬を飲み過ぎたという理由を付けた。二回目の自殺未遂は二十一歳、相手は銀座のカフェーで働いていた田部シメ子だった。鎌倉の小動崎でともにカルモチンを飲んで心中を図り、シメ子がそのまま死亡したため太宰は取り調べを受けるが起訴猶予となる。二十六歳の時には鎌倉山で一人首を吊ろうとするも未遂。しばらくの間首に縄の痕《あと》が残っていたという。二十八歳での心中未遂の相手は妻・初代。太宰の入院中に初代のしていた不倫が発覚したために二人でカルモチンをあおったが、二人とも生存。三十八歳でおこなった最後の自殺も心中だった。玉川上水から遺体の上がった日は六月十九日、奇《く》しくも太宰が三十九歳になる誕生日だったという。その日は現在「桜桃忌《おうとうき》」と呼ばれ、毎年法要が開かれている。

あらすじで読む

斜陽《しゃよう》

敗戦後、没落貴族となったかず子とその母は、東京の自邸を売り払い、伊豆の山荘でひっそりと暮らし始める。南方へ出征していた弟の直治《なおじ》は、終戦後も行方不明のままだった。

伊豆の暮らしに安穏《あんのん》を見出すものの、かず子はその平和に、何か不吉な暗い影が忍び寄ってくるのを感じていた。貴族そのものであるふるまいの上品で美しい母と、次第に粗野《そや》になっていく自分との乖離《かいり》にも不安な思いがした。

そんなかず子と母のもとへ、行方不明だった直治が帰還するが、直治はひどい阿片《あへん》中毒となっていた。そもそも直治は高等学校に入ってより文学に傾倒《けいとう》していた上に、ある小説家の真似をして麻薬中毒となっていた。抱えきれぬ程の借金をし、上原という小説家と懇意《こんい》にしていた。当時山木に嫁いでいたかず子は、直治にお金を貸すため一度だけ上原と酒を飲んだ事があったが、その時に、かず子の中に「ひめごと」が生まれた。

上原と直治は、直治が帰還した後も交流があり、直治は家のお金に手をつけては、上原の所へ入り浸った。かず子は妻子ある上原の事が忘れられず、恋焦がれているという旨の手紙を書くものの、返事はない。そんな折、母の体調が崩れ、治療と看病の甲斐《かい》なく結核で亡くなってしまう。

そしてかず子は、自身の恋と革命のため、「戦闘」を始める。上原に会うため上京し、遂《つい》に再会を果たすが、六年ぶりに見た上原に以前の面影《おもかげ》はなく、まるきり別人のその姿は、背中を丸めた一匹の老猿《ろうえん》のようであった。かず子はその日、上原と結ばれた。弟の直治は、翌朝自殺していた。

直治の遺書には長年の葛藤《かっとう》と、直治自身の秘密がしたためられていた。なぜ生きるのかがわからないという事。なぜ麻薬中毒になったのかという事。恋焦がれていた夫のある女性がいたという事。手紙は「僕は、貴族です。」という一文で終わっていた。

上原の子供を身籠《みごも》ったかず子は、上原に最後の手紙を書くのだった。

Key words

没落貴族　デカダンス

あらすじで読む

人間失格

大庭葉蔵《おおばようぞう》は田舎の裕福な家に生まれた。幼少の時より自身と周囲との激しい乖離《かいり》に違和感を感じ、人間への恐怖に苛《さいな》まれていた。例えば「空腹感」というような当たり前の感覚も実感できぬまま育った。そんな葉蔵が編み出したのは、「道化《どうけ》」という手法であった。人間への恐怖は心の内に押し込め、「お茶目」な人間を演じる。クラスでは人気者となった。

葉蔵は東京で高等学校の生徒となり、堀木という六つ年上の男と出会う。堀木は葉蔵に酒や風俗などの遊びを教え、共産主義の道へも誘った。二年目の十一月、葉蔵はある女と心中を試み、鎌倉の海へ飛び込んだ。しかし、葉蔵だけが助かってしまった。

高等学校を退学させられた葉蔵は、骨董商《こっとうしょう》の男の家へ預けられたが、逃げるようにして家を出た。そして、堀木の家を訪ねる。堀木のもとを訪ねてきた未亡人の女の家に転がり込んでしばらく同棲したが、またも罪悪感に苛《さいな》まれるようにして家を出た。

そして今度は、バーのマダムのところで酒浸りだった葉蔵に酒をやめるようたしなめた歳の若い娘・ヨシ子を内縁の妻にした。安穏に見えた矢先、ヨシ子がある事件に巻き込まれる。

以来、ヨシ子はいつも何かに怯《おび》え、葉蔵との関係もぎこちなくなっていく。葉蔵は再び酒に走り、睡眠薬を丸飲みし、死にかけながらも生還する。ヨシ子は以前にも増してふさぎ込み、葉蔵は体を壊し酒浸りで仕事もせずモルヒネ中毒となる。

遂に自殺をしようとし、脳病院へ入院した葉蔵だったが、父の死をきっかけに、東北の村外れにある家で老婆との暮らしを始めた。

ことし、葉蔵は二十七歳になる。しかし度重なる心労や入院で白髪が増え、四十以上と間違えられる程老け込んでいた。そんな葉蔵にも、この人生においてただ一つだけ、真理らしく思われる事があった。

それは、「ただ、一さいは過ぎて行く」という事であった。

Key words

道化　自意識

1 min

1分でわかる

太宰治

内

向的な秀才でありながら道化を演じるという二律《にりつ》背反《はいはん》を生涯抱えた太宰治――本名津島修治《つしましゅうじ》は、一九〇九年、青森県北津軽郡で父・源右衛門、母・たねの十番目の子として生まれた。実家は県内有数の大地主。母が病弱だったため乳母《うば》に育てられたが、一年足らずで乳母が再婚、以降は叔母きゑによって育てられたため、小学校二・三年まで叔母を実母だと思い込んでいた。一九一六年に金木第一尋常小学校へ入学。兄弟の誰よりも成績優秀で六年間首席を貫いた。父の亡くなった一九二三年に県立青森中学校入学、翌年には創作活動をはじめる。十八歳の時、芥川龍之介の自殺に衝撃を受けた。学業に身が入らなくなり、花柳界に出入りするようになる。

ここで後に結婚する芸妓《げいぎ》・紅子《べにこ》（小山《おやま》初代）と親しくなった。二年後の一九二九年十二月、下宿《げしゅく》で大量の睡眠薬カルモチンを飲んで昏睡《こんすい》状態に陥ったものの回復。

一九三〇年、東京帝国大学文学部仏文学科へ入学したがやはり学業は疎《おろそ》かで日本共産党の運動に関係した。敬愛していた井《い》伏鱒二《ぶせますじ》と対面し、師事するようになる。この時井伏は太宰に対し、共産党に関わらないよう忠告したという。同年、小山初代を上京させた。初代との結婚を認めるにあたって、長兄・文治が出した条件は太宰の分家除籍だった。太宰は承諾。しかし、初代が嫁ぐ準備のため青森に帰っている間、カフェーの女性従業員とカルモチンを飲んで再びの自殺を図った。初代とはその後

↑太宰の父・津島源右衛門。衆議院議員・貴族院議員も務めた。津島家は県内の長者番付第四位の裕福な家庭であった

↑太宰の生家の庭で撮られた一枚。左から三姉のあい、太宰、従姉妹のテイ、次姉のトシ、四姉きやう、次姉の長男・逸朗、弟・礼治

太宰治

仮祝言を挙げている。二人が同棲した家は共産党のアジトとしても利用されていたが、一九三二年兄から生活費を止められたことを原因として青森警察署に自首、活動から足を洗った。

一九三五年に急性盲腸炎を発症し鎮痛剤として打たれたパビナールの中毒となる。翌年には中毒治療のため入院したが、退院後またしてもパビナールを打つようになり、再び入院した。二度目の入院の間に初代が不倫していたことを知り、水上温泉で初代との心中を図ったが未遂に終わり離別。退廃的な生活を送る太宰を心配した井伏に招かれて御坂峠《みさかとうげ》の天下茶屋に滞在する中で心を穏やかにしていった。御坂峠での暮らしは「富嶽百景《ふがくひゃっけい》」に書かれている。この時紹介された石原美知子と見合いをし、一九三九年井伏夫妻が媒酌人《ばいしゃくにん》となり結婚。甲府に住んで順調に執筆活動を進めた。一九四一年には文士徴用令《ぶんしちょうようれい》により身体検査を受けたが胸部疾患により免除。一九四四年には故郷津軽を旅行して幼少期の懐かしい人々を訪ね、「津軽」を著した。三鷹に引っ越していた太宰は一九四七年、太田静子の訪問を受ける。彼女の日記をもとにした『斜陽』刊行。

一九四八年、前年に三鷹駅前の屋台で知り合った山崎富栄と熱海へ滞在し、「人間失格」に着手した。山崎富栄とともに、六月十三日深夜から十四日早朝にかけての間に玉川上水に入水、三十八歳で死去した。『人間失格』の「第三の手記」と「あとがき」は、太宰の死後発表された。

→太宰の最初の妻・小山初代

→太宰治と、二番目の妻・石原美知子の結婚式の記念写真。一九三九年一月八日、杉並区の井伏鱒二宅で。
前列右から井伏鱒二、太宰治、津島美知子（石原美知子）、井伏節代

Gallery
写真で見る太宰治

県立青森中学校時代に兄弟たちと生家の客間で。右から次兄・英治、太宰治、長兄・文治、弟・礼治、三男・圭治。尋常小学校を全甲首席で卒業後、学力補充というていで一年間郊外の小学校に通った太宰は、中学に入学後はかつての級友に追いつかんとばかりに猛勉強をした。写真で太宰の左胸についているのは級長のメダル

一九一二年、三歳の頃の太宰

弘前高校時代に止宿した藤田家の人たちと。弘前市富田新町の藤田豊三郎宅で撮られた一枚。左端が太宰治、右端が藤田豊三郎

太宰治

一九四七年四月、三鷹駅南口玉川上水側、若松屋にて。左から太宰治、岩本次郎（中央公論社編集者）。右端は行きつけだった屋台のうなぎ屋、若松屋の女将（撮影：小滝穆）

一九三〇年、東京帝国大学仏文科一年生の時、郷里の親友と。左から中村貞次郎、太宰治、葛西信造。中村貞次郎は「津軽」に登場するN君のモデル

一九四〇年七月、伊豆熱川温泉にて、小山祐士著『魚族』の出版を祝っての一泊旅行の時。左から伊馬春部、小山祐士、太宰治、井伏鱒二

一九二八年五月、弘前高校二年に進級してまもなく創刊した同人誌『細胞文芸』創刊号の表紙。表紙絵の案は太宰が担当した。辻島衆二というペンネームで亡き父をモデルにした長編「無間奈落」を発表。悪徳地主として生家を告発するものであったため、長兄・文治に叱責され、連載二回で中絶となった

武装探偵社

能力名：独歩吟客《ドッポギンカク》

Doppo Kunikida

国木田独歩

Data｜年　齢：22歳　｜身　長：189cm　｜体　重：78kg

眼鏡の生真面目な青年。同僚の太宰を捜《さが》していたところ、太宰を助けた敦と遭遇《そうぐう》。財布を持っていなかった太宰に代わって敦に茶漬けを奢《おご》ることになる。表紙に「理想」と書かれた手帳を持ち歩いており、手帳の予定が乱されることに耐えられない。堅物《かたぶつ》のように見えるものの、動揺すると手帳をさかさまに持ったり、卵の特売に参加したりと親しみやすい面も持つ。異能力は手帳に書かれたものを具現化《ぐげんか》する「独歩吟客《ドッポギンカク》」。ただし、手帳より大きなものは具現化できない。探偵社に入る前は数学教師をしていた。探偵社員として敦を教育することに気を配っており、敦に人を助けることに伴う責任を説くなど面倒見のいい兄貴分。マフィアに攫《さら》われた敦を奪還するため、福沢の命《めい》を受けて小型高速艇《てい》を走らせた。鏡花を救うためタンカーに残ろうとする敦を叱《しか》ったが、敦の心の叫びを聞いて考えを改め、後押しした。

―それでも！
それでも進んで突き抜けてやる
俺の理想を舐めるなよ！

→堅物に見えるが人間らしい一面もよく垣間見える

国木田独歩

Q&A

Q 情熱的な恋をするロマンチスト?

A. 作家・国木田独歩は、記者としての日清戦争従軍から帰った二十四歳の六月、佐々城家で開かれた従軍記者招待晩餐会《ばんさんかい》の折に佐々城信子と出会い恋に落ちた。二人は身分が違ったため、信子の家は交際を認めなかったが、若い二人の恋は燃え上がる一方だった。独歩は信子と北海道へ移住することを考え視察にも行っている。その後、実家を抜け出した信子が事実婚の形で独歩の家で暮らしはじめたことにより、佐々城家も二人の結婚を認めた。しかし、良家に育った信子には国木田家の貧しい生活はあまりに厳しく、耐えることのできなかった信子は結婚から五ヶ月で失踪した。関係を築きなおそうと必死で信子を捜し回った独歩だったが、再会した信子の固い決意に折れ、離婚に同意した。信子との結婚の失敗は独歩の心に傷を残す。

信子とのデートで見た情景をもとにして、独歩は名文として評価の高い「武蔵野」を発表することになる。

Q 「独歩」の由来とは?

A. 信子と別れた後、当時交流のあった田山《たやま》花袋《かたい》や松岡(柳田)国男などの影響を受けた独歩は新体詩を作るようになっていく。そして出版された花袋や柳田など六人の共同詩集『抒情《じょじょう》詩《し》』に、独歩は自作した新体詩をまとめて発表した。その題は「独歩吟」。この「独歩吟」という題名は、収録された詩の多くが一人で郊外を歩き回りながら(=独歩)作られた詩であることに由来している。「独歩吟」発表の当時、独歩はまだ筆名を「独歩」とはしていなかった。つまり筆名の「独歩」よりも「独歩吟」の方が先に公《おおやけ》にされたのである。のちのち『武蔵野』を発表する際に独歩がしたためた署名「独歩吟客」をきっかけにして、周囲の人々は彼を「独歩」と呼びはじめる。後押しされる形で独歩自身もそう名乗るようになっていった。

→佐々城信子は、作家・国木田の最初の妻で、有島武郎の『或る女』のモデルとなった

あらすじで読む

牛肉と馬鈴薯《じゃがいも》

ある冬の夜、本郷にある明治倶楽部《クラブ》という建物に一人の男が訪ねてきた。彼は岡本誠夫。明治倶楽部の中に集まっていた六人は、丁度互いの人生観を語り合っているところだった。そのうちの一人、上村《かみむら》は、理想と現実は一致しないのだと語り始める。学生時代の上村は馬鈴薯党であり、彼にとっては理想が馬鈴薯、現実が牛肉だった。馬鈴薯が名物の北海道に憧れて「冬」という言葉にも自由を感じていた上村は北海道へ渡り、開墾事業に着手した。ともに行った梶原は二ヶ月で去った。一人残った上村の前に冬が近づいてきた。掘っ立て小屋に寝ていた上村は寒さに命の危険を感じ、秋のうちに帰ってきてしまう。その経験から、今は理想よりも現実、馬鈴薯より牛肉を選ぶという。

　牛と薯どちらを選ぶか訊ねられた岡本は、牛肉党でも馬鈴薯党でもないと答えた。岡本は牛と薯とにかかわらず一つの理想を掲げることができないのだ。彼は一つの不思議な願いを持っていると言い、かつて恋した一人の少女について話しはじめた。少女の母が岡本のことを良くない風に言ったのを気にした少女が見せた両眼の涙は、岡本に一種の寒気と、こわいとも哀しいとも言いようのない思いを湧き上がらせた。丁度そのころ、岡本も上村同様に北海道への憧れを抱いていた。少女と北海道で暮らす想像を巡《めぐ》らせるだけでなく、実際に二人で北海道に移り住むことまでも計画していた。その資金を作るためひとまず故郷へ帰ることになった岡本は思わぬ長さで滞在することになってしまう。少女の母から届いた電報に驚いて帰京すると、少女はもう亡くなっていた。

　しかし、岡本の真実の願いは少女の復活ではない。岡本の願いとは「不思議なる宇宙を驚きたい」ということだった。少女の死に対して感じたのは恋の相手が亡くなった悲痛であって、死という事実そのものへの驚きではなかった。岡本は恋や習慣を通さない目で物を見て驚きたいと願っているのだった。

Key words

理想　現実　宇宙の驚異　解放

あらすじで読む

春の鳥

六・七年前、英語と数学の教師をしていた「私」は、町にある城山《しろやま》を散歩がてらよく登っていた。空気の澄んだとある秋の日曜日、「私」は農民の子とも町家の子ともつかない不思議な少年、六と出会う。六はギョロリとした目で尋常ではないニヤリとした笑い方をしながら、「先生、何をしているの？」と呼びかけて「私」の顔を見つめた。年を尋ねると、五つぐらいの子がようやく数を覚えたようなおぼつかなさで指折り数え、十一だという。なぜ学校へ通わないのかと問う「私」をよそに、「からす、からす」と叫びながら少年は去って行った。

翌朝「私」が下宿屋を出ると、驚いたことに六が庭を掃《は》いていた。六の本名は六蔵といい、姉とともに知的障害があった。同様にあまりしっかりしていない六蔵の母親が子を心配する様を見て六蔵への教育を試みる「私」は、六蔵の腕白《わんぱく》ぶりに手を焼きながらも痛ましさに涙をこぼすのだった。

冬の暖かな日、城山の石垣《いしがき》にまたがりながら六蔵が歌を歌っていた。澄み切った空の下、日に照らされた少年はまるで天使。百舌《もず》のことも「からす」としか呼べない少年は空を飛ぶ鳥を不思議そうに見送るのだった。

季節は春の三月末、ある朝姿を見せなかった六蔵に「私」はある予感を覚える。日が暮れて後、六蔵は石垣の中でも最も高い角の真下に遺体となって見つかった。「私」は六蔵が鳥のように空を飛び回ろうとして墜落《ついらく》したのだと想像し、イギリスの有名な詩人による「童《わらべ》なりけり」という少年の詩を思い出しながら、自在に飛んでいく春の鳥と六蔵とを重ねるのだった。六蔵の将来を憂《うれ》えていた母親は悲しみながらもかえって幸福だと言いながら泣いた。鳥が好きだった六蔵の仕草を真似ながら目の色を変えて話す母親を涙ながらに見つめていると、一羽のからすが城山から浜の方へ飛び立っていく。六蔵の母親は茫然《ぼうぜん》とそれを見守るのだった。

Key word

教師と生徒

1 min

1分でわかる

国木田独歩

国木田独歩、本名国木田哲夫は一八七一年、父・貞臣（通称・専八）と母・まんの長男として現在の千葉県銚《ちょう》子《し》市に生まれた。幼名は亀吉。

転居のため山口県の岩国で暮らすこととなり、自然に囲まれたその地で自然への思慕《しぼ》を持った。愛読したのは自然描写の美しいイギリスのロマン派詩人・ワーズワース。自然の豊かな北海道への憧れも抱いていた。田山花袋とともに自然主義作家として知られる。

一八八八年東京専門学校の英学部に入学し、一八九〇年には英語政治科へと転科したものの、一八九一年退学。その間の一八八九年に哲夫と改名した。

熱心なクリスチャンとして知られ、一八九一年に洗礼も受けているが、熱心さの故に当時の恋人・石崎トミの両親から結婚を断られたという。一八九三年には大分県佐伯《さいき》で英語と数学の教鞭《きょうべん》を執《と》った。

一八九四年開戦の日清戦争においては徳富蘇峰《とくとみそほう》率いる国民新聞社の記者として従軍。軍艦千《ち》代田《よだ》上で、弟に対して書簡を送る形式の「愛弟通信」を記し話題を呼んだ。帰還後には民友社刊行の雑誌『国民之友』の編集者となった。

日清戦争が終結した後の一八九五年六月、佐々城豊寿《とよじゅ》主催の従軍記者招待晩餐会に招かれた独歩は、当時十七歳だった豊寿の長女・信子と出会い、その年の十一月に結婚。しかしながら、苦しい家計に信子が耐えかね、離婚となった。独歩死後に

←探偵社の前の職業は「数学教師」だったという国木田。作家の国木田独歩も、英語と数学の教鞭を執っていた

は、有島武郎《ありしまたけお》が佐々城信子をモデルとした小説「或る女」を発表している。

信子と歩いた武蔵野の思い出をもとに「武蔵野」を著した。二番目の妻・治《はる》は、国木田治子の名で作家活動をし、一九〇八年には独歩についてつづった『家庭に於ける独歩』を刊行している。

初めは作家として評価されなかった独歩だが、編集者としても『報知《ほうち》新聞』『近事画報《きんじがほう》』を渡り歩き、『婦人画報』など雑誌の創刊にも関わった。その後「独歩社」という出版社も設立した。

一九〇八年、自然主義の旗手《きしゅ》として文壇の注目を集めるなか肺結核のため、三十六歳の若さで死去した。

国木田独歩

←一九〇八年五月、入院していた茅ヶ崎のサナトリウム・南湖院にて全盛期の自然主義作家たちと。後列左から小杉未醒（放庵）、岩野泡鳴、真山青果、吉江孤雁（喬松）。中列左から前田晁、国木田独歩、田山花袋。前列左から正宗白鳥、中村星湖、小栗風葉、相馬御風

武装探偵社

能力名：超推理《チョウスイリ》

Ranpo Edogawa

江戸川乱歩

Data｜年　齢：26歳　｜身　長：168cm　｜体　重：57kg

——この探偵社が探偵社であるのはみんな、僕の異能力・超推理のおかげだよ

警察から助言を依頼されるほどの名探偵。過剰《かじょう》なまでの自信家で、見た目や子どものような言動から実年齢よりも若く見られる。眼鏡をかけると、一切調査をしなくても事件の真相が判《わか》る異能力「超推理《チョウスイリ》」を発動する……と本人は思っているが、実際は異能力を持たない一般人であり、卓越《たくえつ》した推理能力は乱歩自身の持つ才能。武装探偵社の名を実質一人で背負っているため、国木田からは「乱歩さん」と呼ばれ敬意を払われている。手伝いがなければ列車に乗れないなど常識が欠けているが、その一方で理屈を重んじており、探偵社には関係のない私的な理由で攫《さら》われた敦の奪還には反対していた。「僕がよければすべてよし」という座右の銘どおり他人を気にしない性格ながら、福沢のことだけは尊敬しているらしく、福沢から褒《ほ》められるためだけに「超推理」を使って敦の攫われた先を探り当てた。

↑明快な「超推理」で事件を鮮やかに解決してみせる

江戸川乱歩

Q&A

Q 作家・江戸川乱歩の名前の由来は？

A．アメリカの推理作家、エドガー・アラン・ポーに由来する。江戸川乱歩は探偵小説史上最も優れた作家として、探偵デュパンを生み出したポーと、ブラウン神父シリーズを書いたチェスタートンを挙げている。探偵デュパンが登場する、ポーの著した史上初の探偵小説である「モルグ街の殺人」と「盗まれた手紙」の二作品を乱歩は評価していた。乱歩自身も「D坂の殺人事件」で明智小五郎という探偵を作品内に登場させ、「モルグ街の殺人」を話題にしている。また、探偵小説を評価するにあたって作家・乱歩が理想としていたのは犯罪の動機や心理よりむしろ、トリックや謎解きの論理性だった。この考え方はマフィアに敦が攫われた時の乱歩にも共通している。谷崎や国木田が仲間意識から敦を助けだそうとするのを、乱歩は「理屈」、すなわち論理に基づいて反対した。「超推理」が異能力でないのは、乱歩自身が無意識でおこなっている状況観察を踏まえた推理によって犯人を導き出しているからなのだ。

Q 乱歩の作品は、探偵小説だけではない？

A．デビュー当初こそ本格探偵小説を執筆していた乱歩だったが、次第に作家としての己の限界を感じはじめる。そして発表された「陰獣《いんじゅう》」はそれまでの作風とは異なり、当時流行していた猟奇《りょうき》趣味に合わせた色情犯罪がテーマの大衆向けスリラーだった。「陰獣」や、後に発表された夜ごと屋根裏から様々な部屋を覗いていく「屋根裏の散歩者」、椅子の中に潜りこんで女性に接近する「人間椅子」といった作品によって、乱歩はエロ・グロ・ナンセンスの時代を代表する作家となったのである。ただし、乱歩自身は怪奇スリラーよりも論理的な探偵小説を重視していた。

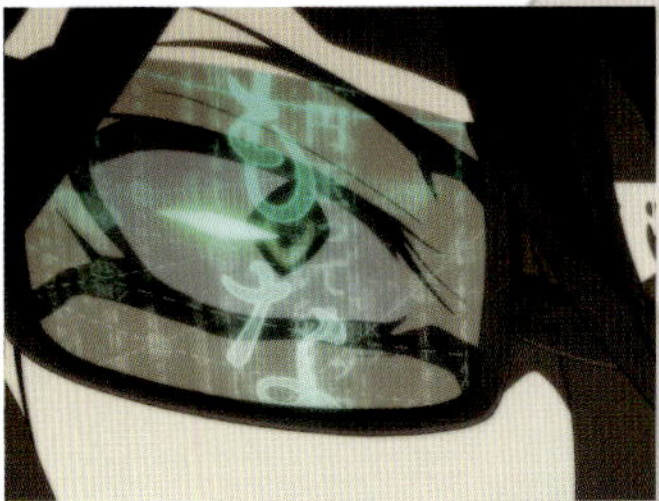

↑一見しただけで真相を瞬時に見抜き、ただの一度も推理を外したことがない

あらすじで読む

D坂の殺人事件

九月の蒸し暑い夜、「私」はD坂にある行きつけのカフェ白梅軒《はくばいけん》でアイスコーヒーを飲んでいた。白梅軒でよく出会う顔なじみの男、明智小五郎《あけちこごろう》は頭のいい変わり者で「私」と同じく探偵小説好きである。白梅軒の向かいにある古本屋の奥さんが明智の幼なじみだと聞いていた「私」は、その日いつも店番をしている筈の奥さんの姿が見えないことに気付く。そして、万引き防止に開けておくはずの障子《しょうじ》が閉まっていくのを目撃した。目を逸《そ》らさずに注意深く古本屋を観察し続けているところに丁度やってきた明智も、「私」と同じように古本屋を観察しはじめた。

　一時間の間に誰も現れないのはおかしいと思い古本屋を訪れた明智と「私」は、障子の向こうで死んでいる女性を発見した。女性は古本屋の奥さんだった。近所の噂《うわさ》によると、この奥さんは普段から体中傷だらけだったという。同じ傷は隣家のソバ屋の奥さんにもあるらしい。第一発見者として現場で行き交う警察の情報を聞いたところ、事件当時の建物は裏口にも二階にも人目があり、行き来はできなかった。では犯人はどこから逃走したのだろうか？　そればかりでなく、事件らしき物音を聞いた学生二人の証言が不思議である。音に続いて障子が閉まるのを見た二人のうち、一人は犯人らしき男の着物が黒かったといい、もう一人は白かったと話したのだ。

　事件から十日ほどたって、「私」は明智を訪ねた。D坂での事件が話題となった時、「私」は推理を語りはじめる。その推理を聞き終えた明智は笑いだし、「私」の推理の間違いを指摘するためにある本を差し出して「証人の記憶」の不確かさを示した。

　そして、とうとう明智の推理が披露《ひろう》される……。

Key words

密室殺人　探偵小説　心理学

あらすじで読む

人間椅子

外務省書記官の夫を持つ佳子《よしこ》は、夫の影を薄くさせる程に有名な美貌《びぼう》の作家でもあった。彼女のもとへは毎日のように手紙が届くため、彼女は毎日、書斎《しょさい》で仕事にとりかかるより前に、まずそれらの手紙を読むことに決めている。ある日、その中に原稿らしい一通があった。中に入っていたのは確かに原稿用紙を綴《と》じたものだったが、表題や署名はなく、書き出しも「奥様」という呼びかけによっていた。気味の悪さを感じつつ、佳子はそれを読み始める。

　奥様、と呼びかけた差出人は世にも不思議な罪悪を告白したいと申し出る。彼は醜《みにく》い容貌《ようぼう》に生まれながらも、胸の内には様々な夢を抱く人物だった。椅子職人として椅子を作り上げると、彼は必ずその椅子に座り、椅子が置かれることになる部屋のことを想像しつつ実際の生活との齟齬《そご》に苦しむのだった。そんな折、外国人の経営するホテルからの注文が舞い込んできた。大きな肘掛《ひじか》け椅子を完成させた彼は、椅子に腰掛けているうちに悪魔の囁《ささや》きを聞いた。声に従って肘掛け椅子の中に作られたのは、一人の人間が二・三日は暮らせるだろうという小さな部屋だった。椅子の中に入り込んだ彼はそのままホテルへと運ばれ、ラウンジに設置されることになる。人のいない時を見計らって抜け出し盗みを働いていた彼だったが、膝《ひざ》の上に座られた経験をきっかけとして不思議な世界へと没頭《ぼっとう》していく。

　しかしある日、ホテルの経営者が替わり、彼の肘掛け椅子が競売《きょうばい》にかけられることとなった。競り落としたのは大都会に住んでいる官吏《かんり》で、椅子は彼の書斎に置かれることになった。書斎を利用したのは官吏よりもむしろ若く美しい夫人。彼はいつの間にか彼女を愛し、顔を見て言葉を交わしたいと願うようになっていたのだ。その相手の夫人こそ――佳子だったのである。

　手紙を読み終え、あまりの恐ろしさに呆然《ぼうぜん》としていた佳子のもとに、一通の手紙が届いた……。

Key words

手紙　犯罪　告白

1 min
1分でわかる

江戸川乱歩

江戸川乱歩、本名・平井太郎は一八九四年に三重県で生まれた。少年時代の乱歩は読書好きで内気だったという。

中学校四年生の時、友人二人とともに満州への渡航を企《くわだ》て、学校を停学処分になっている。早稲田大学に在籍していた二十歳のころに、ポーやドイルと出会って翻訳をはじめた。大学の卒業後には大阪の貿易会社に就職。しかし一年も経たずに退職し、その後放浪《ほうろう》生活を送って職を転々とした。その間に様々な作家の作品を読みふけったという。

デビュー作の探偵小説「二銭銅貨」が雑誌『新青年』に掲載されたのは、乱歩が二十八歳の時だった。はじめこそ「二銭銅貨」「D坂の殺人事件」といった、いわゆる本格派と呼ばれる探偵小説を書いていた乱歩だったが、一九二六年『朝日新聞』紙上で連載をはじめた「一寸法師」以降は、次第に大衆向けに傾《かたむ》いた「本格」ではなく「変格」的な作品が増えていくこととなる。一九二八年発表の「陰獣」や、一九二九年より『講談倶楽部』に連載された「蜘蛛男《くもおとこ》」ではエロティックで猟奇《りょうき》的な要素が前面に打ち出された。これらの作品は当時流行していた「エロ・グロ・ナンセンス」と呼ばれる退廃《たいはい》的な空気と一致し、人気を博《はく》した。流行作家となった乱歩だったが、たびたび作品の出来に満足できずに休筆し、各地を放浪している。

少年向けの作品にも着手しており、一九三六年から『少年倶

←一九一八年ごろ、当時勤めていた鳥羽造船所の同僚たちと。乱歩は右から四人目

江戸川乱歩

楽部』に連載された「怪人二十面相」は大怪盗・怪人二十面相と名探偵・明智小五郎、そして明智を補佐する少年探偵団の冒険活劇として子どもたちの人気を集め、一度は休止したものの、戦後に再開された。

乱歩に転機が訪れたのは一九三九年。戦争に向けて検閲《けんえつ》が厳しくなっていく中、探偵小説の執筆は難しくなっていた。そして、選集に収録しようとした作品「芋虫」（原題「悪夢」）として一九二九年に発表）が警視庁検閲課によって全編の削除を命じられる。これをきっかけとして批判に晒《さら》された乱歩は作家活動を控えるようになっていった。

戦後の乱歩は小説の執筆だけでなく、評論や講演を積極的におこなっていた。「探偵作家クラブ」の初代会長として、後輩作家たちの育成や推理小説界の振《しん》興《こう》へ力を注ぎ、雑誌『宝石』の編集責任者としては推理小説を発表するための場を提供した。また、一九五七年に出版された『海外探偵小説作家と作品』のように、日本国外の作家にも興味を抱いて交流し、彼らの作品を日本国内へ紹介した。戦後の一九五一年、乱歩は『幻影城』を著した。これは小説ではなく探偵小説の評論集だったが、思いがけない好評で受け入れられ、後に『続・幻影城』も発表するなど乱歩は研究的な評論家としても評価されることとなる。

晩年にはパーキンソン病を患《わずら》いながらも口述筆記を続けたが、一九六五年、脳出血のため七十歳で死去した。

→執筆時はよく自宅の蔵にこもっていたという

←一九五八年五月、東京都豊島区の乱歩邸で団らんする家族。左から乱歩とその孫・平井憲太郎、息子・平井隆太郎

武装探偵社

Junichiro Tanizaki

谷崎潤一郎

能力名：細雪《ササメユキ》

Data｜年　齢：18歳　｜身　長：174cm　｜体　重：59kg

――それがナオミの為《ため》なら、ボクは喜んで世界を焼く

妹のナオミとともに武装探偵社へ身を寄せる青年。敦の入社試験では爆弾魔を演じた。樋口の依頼を受けた敦の初仕事に同行し、懸賞金を狙うポートマフィアに襲撃された。その際、ナオミを傷つけた樋口に激怒、強い殺意を抱いた。雪の降る空間をスクリーンに変えて幻影を映し出す「細雪《ササメユキ》」という異能力は、直接の戦闘よりも補佐役の方に向いている。ルーシー・Mの異能力によって閉じ込められたナオミを救うべく巨大な人形アンとのゲームを受けたが、アンの素早い動きに捕まって部屋の奥へと引きずり込まれた。最終的には「細雪」を使って敦を補佐し、ルーシーを打ち破る。ナオミとは怪しいほどに仲が良く、兄妹間で意味深な会話を交わすことも多い。異能力を持たない妹の身を案じており、ナオミがルーシーの異能力によって姿を消した時は、普段の穏《おだ》やかな姿とは打って変わって半狂乱になり、ナオミを捜し回った。

谷崎潤一郎

→作家・谷崎は女性遍歴でも名を馳せたが、『文スト』谷崎は妹のナオミと恋人のように仲が良い

Q&A

Q 「ナオミ」は義妹だった？

A．ナオミという名前の女性は、作家・谷崎潤一郎の著した「痴《ち》人《じん》の愛」に登場する。主人公の河合譲治《かわいじょうじ》に育てられながら、結局は美貌《びぼう》と肉体で譲治を屈服《くっぷく》させてしまう魔性の美少女ナオミ。この作品の連載がはじまったのは一九二四年三月。この頃谷崎には千代という妻がいたものの、彼女にたいする愛情は薄く、むしろ千代の妹・せい子に惹《ひ》かれていたという。小説だけでなく映画にも関心を持っていた谷崎は、せい子を映画女優に育てあげて、せい子との結婚を望むようになり、佐藤春夫を巻き込んでの小田原事件へと発展する。しかしせい子に結婚の意思はなかった。谷崎は結婚を諦めるものの、その後何年もせい子へ手当を送り続けることになる。譲治とナオミとが正式な夫婦であったこととは異なる谷崎とせい子の関係だが、溌剌《はつらつ》とした美貌の少女と彼女に翻弄《ほんろう》される年上の男性の姿とは重なるだろう。

Q 谷崎は猫好きだった？

A．谷崎は猫好きとして知られており、生涯に多くの猫、特に雌《めす》猫を飼った。作品「ねこ」の中では、猫の目から鼻にかけての美しさを褒め、とりわけペルシャ猫を賛美《さんび》している。谷崎は愛猫《あいびょう》だったペルが死んだのち、剥《はく》製《せい》にして飾っていた。そんな谷崎の猫好きを反映させた作品が「猫と庄造と二人のをんな」。この作品には、主人公の庄造と先妻・品子、現妻・福子、そして、庄造の愛猫・リリーが登場する。品子はリリーを返すように手紙を送り、庄造は渋《しぶ》りながらもそれを承知した。庄造と福子との仲をかき回そうとしていた品子だったが、手元にいざリリーが来ると夢中になってしまう。一方、庄造は自分のもとを離れたリリーに会いたいあまり、品子の家の近所まで出かけていき、福子から誤解される。猫に振り回される三人だったが、とうのリリーは素知らぬ顔をしていたのだった。

↑猫を抱く谷崎潤一郎（撮影：渡辺義雄／協力：日本写真保存センター）

あらすじで読む

痴人の愛

「私」――河合譲治《かわいじょうじ》は、浅草にあるダイヤモンドという店で働いていたナオミ（奈緒美）と出会う。ナオミは数え年でまだ十五歳。二十八歳だった譲治は、西洋人めいて、悧巧《りこう》そうに見えたナオミを気に入り、カフェーで働かせるのはおしい、と思うようになった。宇都宮に生まれ、東京の電気会社で技師をしていた譲治は質素で真面目な人間で、二十八になる今でも、女性と交際したことは一度も無かった。

譲治は、ナオミを引き取って世話をし、教育を施《ほどこ》してやろう、そして将来自分の妻にもらっても差し支えないだろうと考え、ナオミに計画を打ち明ける。ナオミは躊躇《ちゅうちょ》なく了承。彼女の母や兄に会ってナオミを引き取ることが正式に決まると、二人で大森の洋館へ引っ越した。英語や音楽を習い始めたナオミはすっかり女学生のようで、顔色もよくなり、性格も快活で晴れやかになった。

譲治とナオミが男女の関係となったのは、ナオミが十六になった春のことだった。両家の了解をとると籍を入れ夫婦となった。結婚後、ナオミはますます美しくなり、妖艶《ようえん》さを増していった。愛慕の情をもつ一方で譲治は、ナオミが自分の期待したほど賢い女ではなく、立派な婦人にならないであろうということに気づき失望もしていた。だが同時にますます強くその「肉体」に惹きつけられていった。

ナオミは英語と音楽だけでなく、亡命ロシア人のシュレムスカヤ夫人にソシアル・ダンスを習い始めた。この頃からナオミの周りには男友達が群がりはじめる。譲治は一緒に来いと言われ、元貴族のシュレムスカヤ夫人と踊るが、彼女の気品や威厳《いげん》に圧倒され、天にも昇る気持ちになった。ダンス教室に来ていた慶應《けいおう》大学の浜田、熊谷など少々不良のような連中とも知り合いとなった。

彼らの行きつけの「エルドラドオ」という踊れるカフェーには、春野綺羅子《はるのきらこ》という帝劇の女優も来ていた。譲治と踊ったナオミは、うまく踊れない譲治に苛立《いらだ》ち他の男のところへ行ってしまう。

だがその後に譲治は綺羅子と踊り、自分の下手なリードをカバーできる上手なダンスに感動する。譲治はその後、ナオミとダンスへ行くようになった。そのたびにナオミの欠点が鼻につき、帰り道には嫌な気持ちになるが、そういう気持ちも長続きせず、またすぐにナオミに夢中になるのだった。

それ以後、ナオミは自由奔放《ほんぽう》さが増し、譲治の手に負えなくなっていく。浜田や熊谷達と関係を持っていることが発覚し、一度は許した譲治も、二度目には激昂した。罵声《ばせい》を浴びせ追い出そうとすると、ナオミはあっさりと家を出て行った。追い出して一度はホッとしたものの、激しい後悔に襲われ、譲治は寂しく悲しく、ナオミが恋しくてたまらなくなる。浜田に頼んで捜してもらうと、ナオミは西洋人の家を転々と渡り歩いていた。

譲治が孤独と失恋に苦しむなか、譲治の郷里の母が亡くなった。悲しみに沈みながら、会社を辞職する決意を固めた譲治。

そんな譲治のもとへ、ナオミが戻ってきた。荷物を取りに来たのだと言うが、その後、ナオミはしばしば姿を見せるようになる。彼女の美貌にはさらに磨《みが》きがかかっており、肉体的な魅力に譲治は抗《あらが》えなかった。ナオミはチラチラと肌を見せつけて譲治を惑乱しては帰っていった。

譲治は遂に我慢の限界を迎えた。なんでも言うことを聞く、お前の馬になってもいいとナオミの前で四つん這いにすらなった。ナオミは猛然として図太く大胆な表情を浮かべ、「なんでも言うことを聞く」「いくらでもお金を出す」「いちいち干渉しない」などの条件を提示した。譲治は躊躇《ちゅうちょ》なくうなずいた。田舎の財産を整理し、勤めていた会社を退職すると、仲間とともに会社をはじめた。仕事は仲間に任せ、新居はナオミの希望通りの家を購入して移り住み、自由にさせている。ナオミの提案で寝室は別々に設《もう》けた。浜田や熊谷達とは疎遠《そえん》になったが、ナオミは西洋人の愛人をあちこちで作っている。

譲治は未だに、ナオミに逃げられた時のあの恐ろしい経験を忘れることができないと述懐《じゅっかい》する。彼女の浮気と我《わ》が儘《まま》とは昔から分かっていたことで、その欠点を取ってしまえば彼女の値打ちもない。浮気な奴だ、我が儘な奴だと思えば思うほど、一層可愛さが増して来て、彼女の罠に陥ってしまう。だからこそ譲治は、怒れば尚更自分の負けになることを悟っている。

ナオミは今年で二十三、譲治は三十六になる。

Key words

悪魔主義　女性の官能美　屈伏

1 min
1分でわかる

谷崎潤一郎

谷崎潤一郎は一八八六年、東京の日本橋に生まれた。谷崎の実家は祖父・久右衛門《きゅうえもん》の商才のため裕福であったが、父・倉五郎に商才はなく、手を出した商売は次々に営業不振へと落ち込んで、谷崎家は没落への道をたどる。

お坊ちゃん育ちだった谷崎は乳母から中々離れることができず、阪本尋常高等小学校へは二学期から通った。二学年に進級する際は首席だったが実家の家業は振るわず、一九〇一年に卒業した際は中学校へ進学する見込みもなかった。

伯父・久兵衛の援助を受けて東京府立第一中学校へ入学。翌年には更に実家が困窮《こんきゅう》してあわや退学となったが、築地精養軒の経営者だった北村家に書生兼家庭教師として住み込むことで学校に残る道を得る。一学期が修了した後は飛び級で三学年に上がった。

一九〇五年には第一高等学校の英法科へ入学。北村家で行儀見習い兼小間使いをしていた穂積《ほづみ》フクとの恋愛が発覚したのは一九〇七年、これが原因で北村家を追われた谷崎は二十一歳で一高の寮に入ることとなる。寮での谷崎は江戸っ子の風を吹かせて回ったという。

一九〇八年、東京帝国大学国文科に入学。一九一〇年、第二次『新思潮』を創刊するも、すぐに発禁となる。十一月、同誌に「刺青《しせい》」を発表。「パンの会」で永井荷風《ながいかふう》と対面した谷崎は何としてでも荷風に「刺青」を読んでもらおうと掲載号の『新思潮』

→一八九〇年、五歳の頃の谷崎

→一八八七年頃の父・倉五郎と母・関。関は美人姉妹として評判が高かった。当時下町の美人を取り上げて刷られた美人絵双紙では大関だったという。美しい母との思い出は「母恋い」の主題として作品の中に現れている

谷崎潤一郎

を贈り、一九二一年、結果狙い通りに激賞を受ける。このことにより文壇での地位を得た。

順調に作家として歩んでいた谷崎は一九一五年に石川千代と結婚したが、後に谷崎は千代の妹せい子と関係を持ち、せい子との結婚を望んだ。千代の相談を受けた佐藤春夫に千代を譲る話が進んだものの、せい子に谷崎との結婚の意思がなかったことで破談。佐藤と谷崎は絶交した。これを小田原事件と呼ぶ。後に千代は佐藤と再婚した。

一九二三年、関東大震災を機に関西に移住。翌年、「痴人の愛」発表。一九二八年からは「卍《まんじ》」「蓼喰《たでく》ふ虫」「吉野葛」「盲目物語」など今日の代表作を次々と発表した。

また二番目の妻として古川丁《と》未子《みこ》を迎えた谷崎だったが、根津松子へ愛情が傾き一九三五年には松子と結婚。その間、彼女との恋を経て「春琴抄」を執筆した。

一九四三年、「細雪」を連載。検閲当局の弾圧のため掲載禁止となるも戦後には上・中・下巻を刊行した。

また、谷崎は戦前、戦後に二種の「源氏物語」現代語訳もおこなっている。一九六四年には、日本人として初めての全米芸術院・米国文学芸術アカデミー名誉会員となった。

一九六五年、心不全のため七十九歳で死去した。

↑神奈川県湯河原《ゆがわら》町の湘碧山房《しょうへきさんぼう》で谷崎が最晩年に使用していた机。歴史小説の大家・吉川英治《よしかわえいじ》から贈られたもの

↑谷崎が一九二四年から約二年半、小説「痴人の愛」を執筆した兵庫県神戸市東灘区の洋館（離れ）。主人公の譲治とナオミが暮らした家の描写と通じることから、「ナオミの家」と呼ばれた。二〇〇六年に解体されたが、谷崎の没後五十年を機に、二〇一五年に和歌山県へ移築された

Gallery
写真で見る谷崎潤一郎

一九〇八年五月、第一高等学校校友会雑誌委員の新旧交代記念に撮影されたもの。谷崎は前列左から二番目。前列中央に座っているのが、旧五千円札の肖像や『武士道』を著したことで有名な新《に》渡《と》戸《べ》稲造《いなぞう》(当時、一高の校長)

一九三五年に丁未子と離婚後、松子と再婚した

谷崎の二番目の妻・古川丁未子は文藝春秋社の『婦人サロン』記者。写真は谷崎との結婚直前、一九三一年一月に撮影されたもの(結婚したのは同年四月)

一九一五年五月二十四日、石川千代と結婚。「痴人の愛」ナオミのモデル・せい子はこの千代の妹

谷崎潤一郎

←一九二〇年八月、映画『アマチュア倶楽部』の撮影記念。前列右から三人目が葉山三千子（＝谷崎の義妹・せい子）、四人目が谷崎

↓義妹・せい子。芸名は葉山三千子で、『アマチュア倶楽部』では三浦千鶴子役として主演した

↓↘
谷崎の旧居・倚松庵《いしょうあん》。
谷崎は異常なほどの引っ越し魔としても知られ、その約八十年の生涯で四十回以上の引っ越しを経験している。倚松庵は松子夫人やその妹たちと暮らした家で、「細雪」の舞台としても有名だ

武装探偵社

能力名：雨《アメ》ニモマケズ

Kenji Miyazawa

宮沢賢治

Data｜年　齢：14歳｜身　長：158cm｜体　重：53kg

牛でも人でも村でも都会でも、素直に気持ちを話せば通じ合えるものです

イーハトーヴォ村出身の明るく素直な少年。探偵社の中では成績優秀で、何度も難事件を解決している。人と仲良くなるのが得意で近所にも知り合いが多く、情報収集にはその人脈を活用している。怪力の異能力「雨《アメ》ニモマケズ」の保有者。ただし発動できるのは空腹時のみで、満腹になると寝てしまう。誰にでも分け隔《へだ》て無く接し、素直に気持ちを話せばどこでも誰とでも通じ合えると思っている。しかし、人から危害を受けた時は牛が逆らった時と同じように容赦《ようしゃ》なく殴り、牛を飼うのも触れ合うのも食べるのも好きだと語るようにただ優しいわけではない。探偵社の仕事を覚えようとする敦とともに、走行中の車が突然爆発した事件について調査した。だが、賢治の調査方法は国木田が心配するほど独特だったため、結局敦の参考にはならなかったようだ。

→純粋でいつも笑顔を絶やさないが、時折容赦ない一面も……?

Q&A

Q 「イーハトーヴォ村」とはどこか?

A.『注文の多い料理店』をはじめとした賢治の童話の中には理想郷のような場所が現れる。その地の名前はイーハトーヴォ。イーハトーヴォという名称については岩手のことを指しているとされており、賢治が学んでいた世界共通の人造言語エスペラントで岩手を発音したものという説がある。『注文の多い料理店』に収録された童話を執筆していた時期、賢治は東京で故郷の岩手を思いながらエスペラントを学び、暮らしていた。童話のことを賢治が「心象スケッチ」と呼んだことから、イーハトーヴォ童話は賢治の心の中にある理想郷としての岩手を表す言葉だったと言えるだろう。

Q 賢治はインテリだった?

A.「雨ニモマケズ」をはじめとして、賢治には農業や農民というイメージがついている。しかしながら賢治自身は農民の家系出身ではない。賢治が農業の発展に力を入れはじめたのは花巻農学校を依願退職した後、農民として暮らすことを決意し、羅須《らす》地人《ちじん》協会を設立してからだった。賢治は農閑期を利用して農民講座を開き、貧困にあえいでいた農民たちを経済的に自立させようと試みた。この羅須地人協会の指導理念は賢治の書いた「農民芸術概論」の中に表れている。信仰していた法華経の思想に基《もと》づいて自己犠牲的で献身《けんしん》的な「すべてのさいはい」を実践しようと奮闘《ふんとう》した賢治だったが、集会を開いていたことが理由で社会主義の弾圧という社会情勢に直面したことと、最低限の物資で暮らす農村での生活に体調を崩したことなどからあまり成果は上がらなかった。それでも賢治は病の中で農民たちの肥料配合の相談を受け続けていたという。

↑『文スト』の賢治は顔が広く、ご近所の人たちから慕われている。作家の宮沢賢治同様、畑の相談をされる場面も

あらすじで読む

銀河鉄道の夜

銀河の祭りであるケンタウル祭りの日、少年ジョバンニの家には牛乳が届かなかった。ジョバンニの父が長い間帰ってこない中、ザネリを筆頭とした同級生たちは、ジョバンニの父は監獄《かんごく》に入ったのだとからかう。そんな同級生たちにまざって、親友のカムパネルラだけは気の毒そうな顔をするのだった。

　牛乳を取りに行くついでに祭りを見に行ったジョバンニは同級生たちを避けて黒い丘へ上り、頂上にある天気輪《てんきりん》の柱の下に横たわった。すると、いつの間にかカムパネルラとともに幻想第四次の銀河鉄道の座席に座っているのだった。

　白鳥区の終わろうという所で車掌が切符を確認しに来た。鳥捕りもカムパネルラも切符を差し出す中、ジョバンニは慌てて上着のポケットに入っていた何か分からない紙きれを渡して事なきを得た。ジョバンニの切符は銀河鉄道のみならず、どこまでも行ける通行券なのだという。

　鷲《わし》の停車場に近づいたころ、氷山にぶつかって沈んだ船の乗客たちが現れた。カムパネルラの隣に座った女の子と談笑《だんしょう》しているうちに銀河鉄道はサウザンクロスへと辿り着いた。再び二人きりになったジョバンニとカムパネルラはほんとうのさいわいについて話しながら、どこまでも一緒に行くことを確認しあう。しかし、ジョバンニが振り向いた瞬間、カムパネルラの姿は消えていた。

　ジョバンニが眼を開くともとの丘だった。街へ降りていくと、子どもが川へ落ちたという。その子どもはカムパネルラだった。カムパネルラの父親から父が帰ってくることを聞いたジョバンニは、一目散《いちもくさん》に家の方へ走り出した。

Key words

すべてのさいはい　母　タイタニック号

1 min
1分でわかる
宮沢賢治

生涯独身を貫いた宮沢賢治は、一八九六年岩手県の花巻で父・政次郎と母・イチの長男として生まれた。賢治の実家の家業は質商や古着商であり、花巻有数の資産家であった。家のことを賢治は後に「財ばつ」と呼んで反発したが、小学校の頃はまだ家業に誇りを持っていたという。盛岡中学校において成績は芳《かんば》しくなく、特に数学や運動が悪かったものの、二年生で教師引率のもと植物採集をした岩手山に感銘を受ける。

中学を卒業した後も家業を継ぐ気はなかった。見かねた父が盛岡高等農林学校の受験を許すと猛勉強をはじめ、一九一五年四月には首席入学。その頃、島地《しまじ》大等《だいとう》編の『漢和対照妙法蓮華経』と出会って感銘を受ける。盛岡高等農林学校では岩手県内の土壌や地質について学び、調査した。成績優秀で三年間首席。卒業後は研究生として一九二〇年五月まで同校に残った。同年、日蓮宗の国柱会《こくちゅうかい》に入会。

一九二二年には最愛の妹・トシが結核で亡くなった。その悲しみにより、「永訣《えいけつ》の朝」や「無声慟哭《どうこく》」などの詩を書く。一九二四年に『春と修羅《しゅら》』『注文の多い料理店』が刊行された。

一九二六年には五年間勤めた花巻農学校を退職。羅須地人協会の活動を開始して農民への稲作指導や肥料相談などをおこない、合間には花壇の設計もおこなっている。一九三一年には東北砕石工場の技師となりセールス活動をおこなったが、発病。十一月、手帳に「雨ニモマケズ」を記した。一九三三年九月、弟・清六に原稿を託し、三十七歳で永眠した。

↑賢治は農民相手に肥料相談会を開くなどして農業にも積極的に関わった。写真は一九二六年、花巻農学校付近の田んぼに立つ賢治

武装探偵社

能力名：君死給勿《キミシニタモウコトナカレ》

Akiko Yosano

与謝野晶子

Data｜年　齢：25歳　｜身　長：166cm　｜体　重：52kg

──「死」とは何かって？
死は命の喪失さ
教えてやるよ。

探偵社の専属医。男女同権にこだわっており、女性であることを理由とした差別を許さない。異能力者の中では珍しい治癒《ちゆ》能力「君死給勿《キミシニタモウコトナカレ》」を保有しているが、武道も達者。自分を含めた患者のあらゆる外傷を治すことができるが、能力を発動させるためには患者が瀕死《ひんし》の重傷でなければならないという条件がついている。医療用の鞄に鉈《なた》が入っているのは、軽い怪我を治療するときにもまず患者を瀕死にさせる必要があるため。患者に苦痛の伴う治療を楽しんでいる風に冗談めかしており、怪我人がいないと残念そうな顔を見せる。梶井基次郎戦では拷問《ごうもん》代わりに「君死給勿」を使った。谷崎いわく、「探偵社で怪我だけは絶ッ対にしちゃ駄目《だめ》」。医者として手を尽くしても救えなかった沢山の死を見てきた経験から、学術的興味の対象として死を語る梶井に激怒した。医者として虎の再生能力に興味を持っている。

↑治療をおこなう彼女はいつもまばゆいほどの満面の笑みを浮かべている

Q&A

Q 「君死給勿」の意味とは？

A．歌人・与謝野晶子は一九〇四年、『明星《みょうじょう》』に「君死にたまふこと勿れ」を発表した。当時は日露戦争の最中、同年招集された晶子の弟・籌三郎《ちゅうざぶろう》が激戦地であった旅順《りょじゅん》に送られることを知った晶子は詩を詠んだ。「君」とは弟を指している。戦地に送られる肉親を心配する晶子の気持ちだけでなく戦争や天皇への批判の意味をも含んでいたため、これを読んだ大町桂月《おおまちけいげつ》は雑誌『太陽』上で激しく晶子を非難し、論争が巻き起こった。一見挑戦的な詩のようだが、日露戦争時は言論の弾圧が盛んではなかったため、戦争批判の詩といえど罰せられることはなかった。結局、籌三郎は無事帰還した。戦時中の軍はあえて虚偽《きょぎ》の情報を流しており、籌三郎の所属した歩兵第八連隊は当時旅順には派兵されていなかったという。

Q なぜ男女平等にこだわるのか？

A．歌人・与謝野晶子の幼少期、家庭内には男女の教育格差があった。両親は女性に高等教育は不要だと考える人だったため、晶子は堂々と家の中で本を読むことすら難しかったという。晶子は男女平等の考えを持つ先進的な女性で、後に西村伊作《にしむらいさく》の呼びかけに応じて男女平等教育をおこなう文化学院の創立に携《たずさ》わることになる。また、女流詩人として脚光《きゃっこう》を浴びていた一九一一年、晶子は一人の女性から訪問を受けた。彼女は平塚らいてう。女性のための雑誌『青鞜《せいとう》』を発刊するにあたって晶子の寄稿を求めたのである。数日後、晶子は「そぞろごと」と題した数篇の詩を送り、らいてうを感動させた。「そぞろごと」はらいてうの「元始、女性は実に太陽であった」で始まる文とともに『青鞜』創刊号に載ることになる。二人はその後も女性の地位向上に励み、女性の社会進出の方法について「母性保護論争」を引き起こすことにもなった。

みだれ髪

『みだれ髪』は一九〇一年に発行された、晶子の第一作目の歌集であり、鉄幹との恋を赤裸々《せきらら》に歌ったものでもあった。この歌集は驚きをもって迎えられ、世間の賛否《さんぴ》をよんだ。当時隠すものとされていた女性の性愛を大胆に表現した晶子の試みが世間を騒がせたのである。晶子の描いた性愛の世界とは初めての驚きと喜びに満ちたものであり、否定派が指摘したような情欲を刺激するものではなかった。男性は性愛を表現できるが女性は許されなかった時代において、後の晶子が女性の同権に向けて動いたように、歌人として歩み始めたばかりの晶子も同じ志を持っていたのである。

「その子二十　櫛にながるる　黒髪の　おごりの春の　うつくしきかな」(六番)

――その人は二十歳。豊かな黒髪が流れるようにくしけずられる、若さを誇ったその姿のなんと美しいことか。

「その子」とは晶子自身を指している。豊かな黒髪に象徴される若さを自覚し誇っている晶子は青春のまっただ中にいた。自身へのナルシシズムに溢れた歌。実際のところこの歌が詠まれた当時の晶子は二十歳ではなく数え年で二十四歳だった。

「やは肌の　あつき血汐《ちしお》に　ふれも見で　さびしからずや　道を説く君」(二六番)

――女性のやわらかい肌に流れる血のような情熱に触れることもなく、さびしくはないのですか。道理を説くあなたは。

晶子作の中で最も有名といっていい歌。この歌により晶子は「やは肌の晶子」と呼ばれた。「君」については「道学者」であるという説や晶子の手紙をもとに堺にある寺の住職「河野鉄南《こうのてつなん》」であるという説、師であり恋人でもあった与謝野鉄幹であるという説など様々な説がある。かつて女人禁制《にょにんきんせい》だった高野山の奥の院入り口にこの歌の歌碑《かひ》が建っている。

Key words

明星　与謝野鉄幹　近代短歌

1
min
1分でわかる

与謝野晶子

与謝野晶子、本名・与謝野志よう（しょう）は一八七八年に大阪府堺市の老舗《しにせ》和菓子商・駿河屋の三女として生まれた。旧姓は鳳《ほう》。晶子の両親は娘が学を身につけることを好まなかったため、密かに「源氏物語」などを読み、影響を受ける。一八九五年『文芸倶楽部』の九月号にはじめて歌が掲載された。後に夫となる与謝野鉄幹の短歌に出会ったのは二十歳のとき。これが作風の転機となり、当時所属していた堺敷島会と距離を置くようになる。一九〇〇年、鉄幹が創刊した雑誌『明星』第二号への寄稿を依頼され、それをきっかけに同年九月鉄幹と対面した。鉄幹には当時妻がいたものの二人の恋は燃え上がり、その恋を中心とした第一歌集『みだれ髪』が翌年刊行、同一九〇一年には結婚。一九〇四年に「君死にたまふこと勿れ」を発表して大町桂月との論争になる。その後も次々と歌集を出版した。また、少女時代から愛読していた「源氏物語」の現代語訳へ着手して一九一二年『新訳　源氏物語』を刊行。晶子による「源氏物語」の翻訳は第二次世界大戦後にも再びおこなわれた。同年、鉄幹がヨーロッパへの外遊に旅立ち、晶子も後を追う。男女平等教育を訴え文化学院を設立した後の一九二二年、長年の協力者だった森鷗外が亡くなる。

夫・鉄幹が一九三五年に亡くなった後も精力的な活動は止まなかった。一九三九年に「新新訳源氏物語」完成。一九四二年に六十三歳で死去した。

←夫・鉄幹との一枚（鞍馬寺蔵）

武装探偵社

Kyoka Izumi

泉鏡花

能力名:夜叉白雪《ヤシャシラユキ》

Data | 年　齢:14歳 | 身　長:148cm | 体　重:40kg

――殺人《ころし》のほかに何も出来ないと
あいつは云った
違うと自分に証明したい

両親の死後、ポートマフィアに拾われて暗殺者となった少女。三十五人を殺した罪で指名手配されている。異能力は白装束の夜叉を出現させる、「夜叉白雪《ヤシャシラユキ》」。自分では異能力を操ることができないため、芥川から受ける電話越しの指示によって行動していた。本心では誰も殺したくない。地下鉄の爆破事件で敦と出会い命を助けられたことで変化がおとずれる。敦との交流の中で次第に心を癒やされ感情を表すようになっていくが、埋め込まれた発信器を芥川に追跡され、敦とともにマフィアのもとへと連れ戻された。船上の戦いにおいて、敦を守るために武器庫の爆薬を爆発させ、芥川もろともの自決を目論《もくろ》んだ。意識を失った敦とともに国木田の小型高速艇に助けられる。その後福沢の許可を得て武装探偵社の社員となる。新人同士の敦とは同居中。対ルーシー・M戦では敦を心配して迎えに来たものの、鴎外の姿を見て激しく怯《おび》えた。

→「豆腐」ではなく「豆府」がお好き

Q & A

Q 作家・泉鏡花は「豆腐」が嫌い？

A. 作家・泉鏡花は「豆腐」を必ず「豆府」と書いた。鏡花は文字に強い執着を持っており、その表記には彼なりの拘《こだわ》りがあったらしい。また鏡花は潔癖症《けっぺきしょう》で、お辞儀《じぎ》をする時にもばい菌を怖がって両手の平を畳《たたみ》につけることはせず、親指と他の指で輪を作って甲だけを畳につけたという。ばい菌への恐怖はすさまじく、煙管《きせる》を吸う際にも一口ごとに吸口へ千代紙の蓋《ふた》を被せ、鉄瓶の口にも同様のものを被せていた。これは実際にばい菌を避けるためというより、まじないの意味が強かった。豆府とは表記したが、豆腐自体は好んでいた。鏡花の生きていた時代には度々疫病《えきびょう》が流行《はや》っていた。一八九五年にはコレラが流行り、一九〇二年には鏡花も赤痢《せきり》に罹《かか》った。それをきっかけに疫病を恐れるようになった鏡花は、再びコレラが流行しはじめた一九一六年夏には三ヶ月間全く外出せず、コレラの流行期間には熱々の熱燗《あつかん》と湯豆腐以外ほとんど口にしなかった。この熱燗は文壇の中で「泉燗」と呼ばれるほどに有名だった。

Q 鏡花と家族の関係は？

A. 鏡花がまだ小さい頃に母・鈴が二十八歳の若さで亡くなった。若く美しい母の突然の死は、幼い鏡花にとって受け入れがたい経験だった。その上、二人の妹はそれぞれ養女となって離ればなれになってしまい、家には父と鏡花、そして弟の豊春が残った。翌年に来た後妻のサクにも馴染《なじ》むことができなかった。サクは亡き母・鈴よりも十歳も年上であった。その後、父とともに訪れた行善寺で参詣した摩耶《まや》夫人と母とを重ね合わせ、鏡花は亡き母への思慕を強めていく。後年、鏡花は四・五歳ごろの母との思い出を回想して書き記している。この亡き母への強い憧憬《しょうけい》は鏡花作品の源泉の一つとなり、鏡花の作品の中には薄幸《はっこう》の美女がしばしば至上の女性として現れることとなる。

↑作家・泉鏡花もうさぎの置物を集めていた

あらすじで読む

春昼《しゅんちゅう》・春昼後刻《しゅんちゅうごこく》

「春昼」

一人の年若い散策子が春めく逗子郊外を歩いていた。蛇がとある二階建ての家に入っていくのを見かけた散策子はその家の女中たちに知らせるようにと近くの老人へ声をかけ、頼んだ。その家に住むのは東京から来た人だという。石段の上に見えるのは散策子の目指す久能谷《くのや》の観音堂。御堂の柱に貼られた巡拝札の中に一枚、小野小町《おののこまち》の和歌がまぎれていた。住職の誘いに応じて庵へと上がった散策子は、和歌をしたためた女性にまつわる不思議な恋の話を聞くことになる。女性の名は玉脇《たまわき》みを。小野小町にも劣らない美貌を持つ彼女は財産家の妻となり、今も久能谷の、散策子が蛇を見た家に暮らしているという。みをに恋をしたのがかつて御堂の庵室に住んでいた客人だった。玉脇の家は先代の掘り当てた紅で財を成したあまり評判の良くない家で、玉脇の人々に囲まれた後妻のみをの姿は物寂しく見えたという。三度みをとすれ違い恋焦がれた客人はある夜お囃子《はやし》の音に誘われて御堂の裏山へと出た。行き着いた先で始まった舞台の主演はみを。彼女に近づいて背中合わせに座った人の顔は、客人本人のものだった。客人の影はみをの背中に△□○と書き記す。夢から覚めた客人は住職へと懺悔《ざんげ》する。翌日みをの参拝があった。更に翌日、客人は海に浮いて帰らぬ人となった。

「春昼後刻」

御堂を後にした散策子は雨上がりの霞煙る中、元来た道を戻っていた。そこに声をかけたのは先ほどの老人。蛇の礼を言いたいと、みをが近くにいるという。名乗らずに通り過ぎようと思った土手の道で散策子は呼び止められる。みをと話をする中で散策子はみをに恋しい懐かしい人のいることを知った。みをは秋より春が寂しいという。手帳に書かれた○△□を見て散策子は青ざめる。そこに聞こえてきたのは太鼓の音、現れた二人の角兵衛獅子にみをは手紙を託した。翌日、一人の角兵衛獅子とみをの死体が客人の溺れた岬に打ち上がった。

Key words

夢　美女　幻想

あらすじで読む

夜叉ヶ池《やしゃがいけ》

三国嶽の麓《ふもと》の里に萩原晃《はぎわらあきら》と百合という夫婦が住んでいた。近頃あたりでは日照りが続いており、竜神の棲《す》むという夜叉ヶ池から流れる清水も細くなっている。一人米を磨《と》いでいた百合の所に現れたのは山沢学円という教師で、暮れ六つの音を打ったばかりの鐘に目を留めていた。その鐘は明け六つと暮れ六つと夜中の丑満《うしみつ》の、日に三度しか鳴らしてはならない。学円は行方《ゆくえ》知れずになった親友の話を始めたが、談話を求めたはずの百合に途中で打ち切られてしまう。百合の夫・晃こそが行方不明の親友だったのだ。旅の最中に里を訪れた晃が出会ったのは鐘撞《かねつき》の老人。かつて洪水を防ぐため竜神を夜叉ヶ池に封じ、毎日鐘を欠かさないと約束したという。その夜に老人が倒れたため晃が後を継いだ。話を聞いた学円は晃とともに夜叉ヶ池を目指す。

その頃、夜叉ヶ池の主・白雪姫は恋をしていた。恋の相手は遠く剣ヶ峰の千蛇ヶ池に棲む公達《きんだち》だったが、お互い住処《すみか》を離れればたちまち洪水が起こり麓の村が沈んでしまうため二人は身動きできずにいた。そこに届いたのは千蛇ヶ池からの手紙。人間が約束を守っているのだから白雪も守らなければならないと諭《さと》す異形の眷属《けんぞく》たちの言葉も聞かず千蛇ヶ池へ行くことを決意した白雪だったが、流れてきた百合の歌に聞き惚れてその命を惜しみ、住処へ戻ることを決めた。

しかしその直後、百合を雨乞いの生《い》け贄《にえ》にしようとする村人たちが百合を捕まえに迫っていた。逃げ惑う百合を助けたのは胸騒ぎに引き返してきた晃。かつて生け贄となり辱《はずかし》められた悔しさに夜叉ヶ池へ身を投げた里の乙女、白雪の話をするも聞き入れられず、結局百合は自刃《じじん》する。そして丑満時、晃はもう鐘を撞かなかった。たちまち山を越えて波が里を襲う中で晃もまた自刃した。喜びの中千蛇ヶ池へ向かう白雪は新しい淵《ふち》を鐘ヶ淵と名付け、生まれ変わった晃と百合夫婦の住まいと定めた。

Key words

竜神伝説　生け贄　戯曲

1 min

1分でわかる

泉鏡花

鏡花、本名・泉鏡太郎は、一八七三年に石川県の金沢で生まれた。干支は酉《とり》で、向かい干支のうさぎを大切にしていたという。九歳の時に母・鈴が亡くなり十一歳の時に父が後添えを取ったが、この新しい母には全く懐かなかった。一八八七年に第四高等学校を受験したが失敗。一八八九年から一八九〇年にかけて尾崎紅葉《おざきこうよう》の作品を読んで衝撃を受け、自らも筆を執《と》るようになる。紅葉に強く憧れ弟子になりたいと願ったが、幾度か出した手紙に返事は来ず、それは鏡花が江戸へ上京した後も変わることはなかった。しかし、一八九一年江戸の生活に困窮した鏡花が郷里へ帰る前にと訪れた紅葉の屋敷で鏡花は初めて紅葉と対面することになる。入門を許可された鏡花は「泉鏡花」という雅号《がごう》を与えられ、紅葉の玄関番として住み込みの修業をした。紅葉が亡くなった時は弟子の代表として弔詞《ちょうし》を読んだ。

処女作の「冠弥左衛門」は一八九二年京都『日出新聞』で連載された。これは紅葉の知人巌谷小波《いわやさざなみ》に来た依頼が流れてきたものだったため鏡花と小波の連名で発表されたが、評判は芳《かんば》しくなかった。翌年には『活人形』を出版。

一八九四年に父が亡くなり金沢へ帰ったが、鏡花はまだ紅葉の玄関番でしかなく、一家を支えることは困難だった。百間堀に佇《たたず》んで自殺を考えることもあったものの、状況を察した紅葉からの激励の手紙で気を持ち直した。一八九五年には出世作となった

←泉鏡花の初版本は美麗かつ豪華な装丁で「鏡花本」とも称された。写真は一九三四年三月、昭和書房から刊行された『斧琴菊《よきこときく》』。装丁は小村雪岱《こむらせったい》

泉鏡花

「夜行巡査」を発表し文壇から認められ、玄関番を離れた。鏡花の文章は幻想的で絢爛《けんらん》なことで知られており、中島敦には「言葉の魔術師」と称されている。

一八九九年に紅葉率いる硯友《けんゆう》社《しゃ》の宴会で芸妓・桃太郎と出会う。彼女の本名は伊藤すずといい、鏡花の母と同じ名だった。鏡花とすずとは恋に落ちたが一九〇三年四月には紅葉から二人の仲を叱責《しっせき》されて同棲を解消、紅葉が亡くなった後も紅葉の遺言だからと長い間籍は入れなかった。

紅葉が亡くなった後、硯友社の勢力は衰えた。当時は田山花袋や国木田独歩で有名な自然主義文学が隆盛していたが、幻想的な文学を得意とした鏡花はその流れと相容《あいい》れずに文壇から締め出された。鏡花は祖母の死後患《わずら》っていた胃腸障害の静養を目的として逗子へ移り住んだが、これは実質的に都落ちだった。

そんな中、一九〇七年に国木田独歩の提案で開かれた時の宰《さい》相《しょう》 西園寺《さいおんじ》公望《きんもち》の文士招待会の二日目、森鷗外や巌谷小波などと同日に招かれる。これをきっかけに文士の会「雨声会」が結成された。雨声会だけでなく、鏡花には文学者の知り合いも多くいた。一八九六年ごろには樋口一葉の作品に感銘を受けてその家を訪ねている。すでに結核の進行していた一葉だったが両人はすぐに親しくなったらしく、鏡花は一葉へ幾度か手紙や葉書を出し、三周忌には樋口家の墓も訪ねている。また、一九三九年には谷崎潤一郎の長女が結婚する際の媒酌人となっている。

一九三九年九月、肺腫瘍のため死去。

↑晩年、うさぎの蒐集品と

武装探偵社

Yukichi Fukuzawa

福沢諭吉

能力名:人《ヒトノ》上《ウエニ》人《ヒトヲ》不造《ツクラズ》

Data｜年　齢：45歳　｜身　長：186cm　｜体　重：71kg

――仲間が窮《きゅう》地《ち》、助けねばならん。
それ以上に重い理屈がこの世に有るのか

威厳《いげん》に満ちた武装探偵社の社長。異能力名は「人上人不造《ヒトノウエニヒトヲツクラズ》」。仲間を大切にし、窮地に陥った仲間を助けることに力を惜しまない。役人たちからの依頼を待たせることができるほどに影響力を持つ実力者。探偵社に誇りを持っており、異能開業許可証を求めて探偵社に現れたフランシス・Fに対して毅然《きぜん》とした態度で臨《のぞ》み、要求をはねのけた。探偵社の開業に必要な許可証を発行された折には「夏目先生」の協力を仰いだらしい。福沢の異能は「異能力の出力を調整し、制御を可能にする」力で、自分の部下である探偵社員のみに発動する。敦や鏡花はそのおかげで、自身の異能力を制御できるようになった。相好《そうごう》を崩すことは少ないが、実は猫好き。

→「天は人の上に人を造らず人の下に人を造らず」は、『学問のすゝめ』初編の一節だ

Q&A

福沢諭吉

Q 人の上に人を造らず?

A.『「天は人の上に人を造らず人の下に人を造らず」と言えり。』とは、教育家であり学者でもあった、福澤諭吉の著した『学問のすゝめ』初編の冒頭である。福澤はすでに西洋諸国を外遊して西洋がいかに進んでいるかを目の当たりにしていた。『西洋事情』ではそんな西洋文明を紹介していたが、それに対して明治日本の人々がどうすべきかを示したのがこの『学問のすゝめ』だった。福澤は開国前に下級藩士の子として生まれ、父が有能でありながら身分のために出世できなかったことを知っており、後年の自伝には「門閥制度は親の敵」と書いている。自身も能力を持っていながら出生のために出世まで苦労を重ねた。そんな福澤は新しい時代である明治の中で、人々が何をすべきかを平易な文体で示す啓蒙《けいもう》の書を刊行して人の間に貴賤《きせん》の差が無いことを説いた。これは政府の開化政策と対応する考えとして一般の民衆にも広く読まれることになった。

Q 慶應義塾大学には独特の文化がある?

A.福澤諭吉が開いた慶應義塾大学では学生のことを「塾生」、卒業生のことを「塾員」と呼ぶ。また、「先生」は塾祖の福澤のみとされているため、卒業式などの公式行事では教授も学生と同じく「君」付けで呼ばれるなど、独特な校風で知られている。元々福澤は藩士をしていた中津藩に命じられて蘭学塾を開いたが、大政奉還《たいせいほうかん》が起こり江戸幕府が終《しゅう》焉《えん》した後、「慶應義塾」と名を改め、三田に塾を移転した。元々は藩に命じられて公的なものとして開かれていたものが私的な塾へと変わったのだ。慶應義塾はそれまでの藩士に代表された士族のための塾ではなく、学問をしたいと望む全ての身分に開かれた平等な学問の場だったのだ。一八九〇年に設立された大学部は初めての私立大学となった。

大づかみで読む

文明論之概略《ぶんめいろんのがいりゃく》

福澤が掲げた問題とは、明治に入った日本が近代国家として目指すべき「文明」とは何かということだった。近代における日本と西洋文明との出会いは、アジア諸国との出会いとは異なり、全く違うものから構成され発達した異文化に触れて衝撃をもたらすものだった。福澤はそんな西洋文明を規範とした。

福澤は人と人との交際、すなわち社会において心に思っていることを伝え議論し合うことが文明社会の成立に重要だと考えた。文明に至るまでには野蛮・半開・文明という段階があり、文明とは相対的なもので、野蛮に触れることで初めて文明として現れるのだ。福澤は前に進んで西洋の文明を追うか、退いて野蛮に帰るかの二択を迫る。そして、文明には外部に表れるものと内部にある精神との二種類があるとし、精神の文明化を重視した。

当時の日本には「国体論」と呼ばれる、国家成立の経緯をもとに日本国家を絶対的なものとして神聖化する考えがあった。福澤はそれに反発し、同じ歴史を共有する人々が相対的に自らの国家を自覚していくことを「国体」として捉えた。さらに、中国を代表とする専制国家的なアジアを否定しながら脱《だつ》亜《あ》入《にゅう》欧《おう》を掲げていく福澤は、国家そのものより人民に目を向けていた。

一国の運動の源に一国の人民が持つ知恵を求めた福澤にとって、文明とは人民の知恵が成長していくことだった。そして近代国家としての日本が抱える第一の課題を、文明的な知恵を形成することだと考えたのだ。

日本が知恵や智力を重要視する社会となるためには、伝統的な道徳が支配する社会を解体する必要がある。そもそも、なぜ文明化が必要なのだろうか。外国からの圧力によって開国した日本が、一国として独立を保っていくためには、文明化によって内外の区別をはっきりさせることが求められる。そう福澤は考えていたのだ。

Key words

文明化　開国　脱亜入欧　知恵

1 min

1分でわかる

福澤諭吉

福澤諭吉は一八三四年、鎖国中の大坂にあった中津藩蔵屋敷で生まれた。父・百助は中津藩（現・大分県中津市周辺）の貧乏な下級武士だったが福澤が、三歳の時に病死。母子共に中津へと帰ることになる。中津でも上方風《かみがたふう》の暮らしを保ったため、周囲には馴染《なじ》まなかった。

十四歳の時に漢学をはじめとした学問をするようになるが、身分制度の厳しい中津藩では福澤に出世の見込みはなかった。

二十歳の時ペリーが来航。これをきっかけに長崎へ留学生が派遣されることになり、福澤も兄・三之助とともに蘭学修業に出かけることになる。

しかし、一八五五年には中津藩家老《かろう》の子息・奥平壱岐と仲違《なかたが》いして中津へ送り返されそうになり、江戸へ向かうことを決意。しかし途中立ち寄った大坂で三之助に窘《たしな》められて大坂にとどまり、緒方洪庵《おがたこうあん》の適塾《てきじゅく》に入る。

一八五六年に三之助が病死したため帰郷し家長となったが、再度大坂へ向かい適塾の内塾生となった。翌年には塾長。

一八五八年には江戸での中津藩の蘭学塾開設を命じられ、塾を開いた。後の一八七一年、三田に移転し慶應義塾となる。

一八五九年横浜にて英語の重要性を知り、翌年アメリカへ洋行。福澤は生涯に三回洋行をした。次第に教養教育を重視するようになった福澤は一八七二年に『学問のすゝめ』初編、一八七五年に『文明論之概略』を刊行するなど啓蒙活動をおこなった。

後年にはナショナリズムの傾向を強くし、一八九四年に始まる日清戦争では清を強く非難した。一九〇一年六十八歳で死去。

↑元々は武士の生まれであった

Coffee Break

太宰治のノート

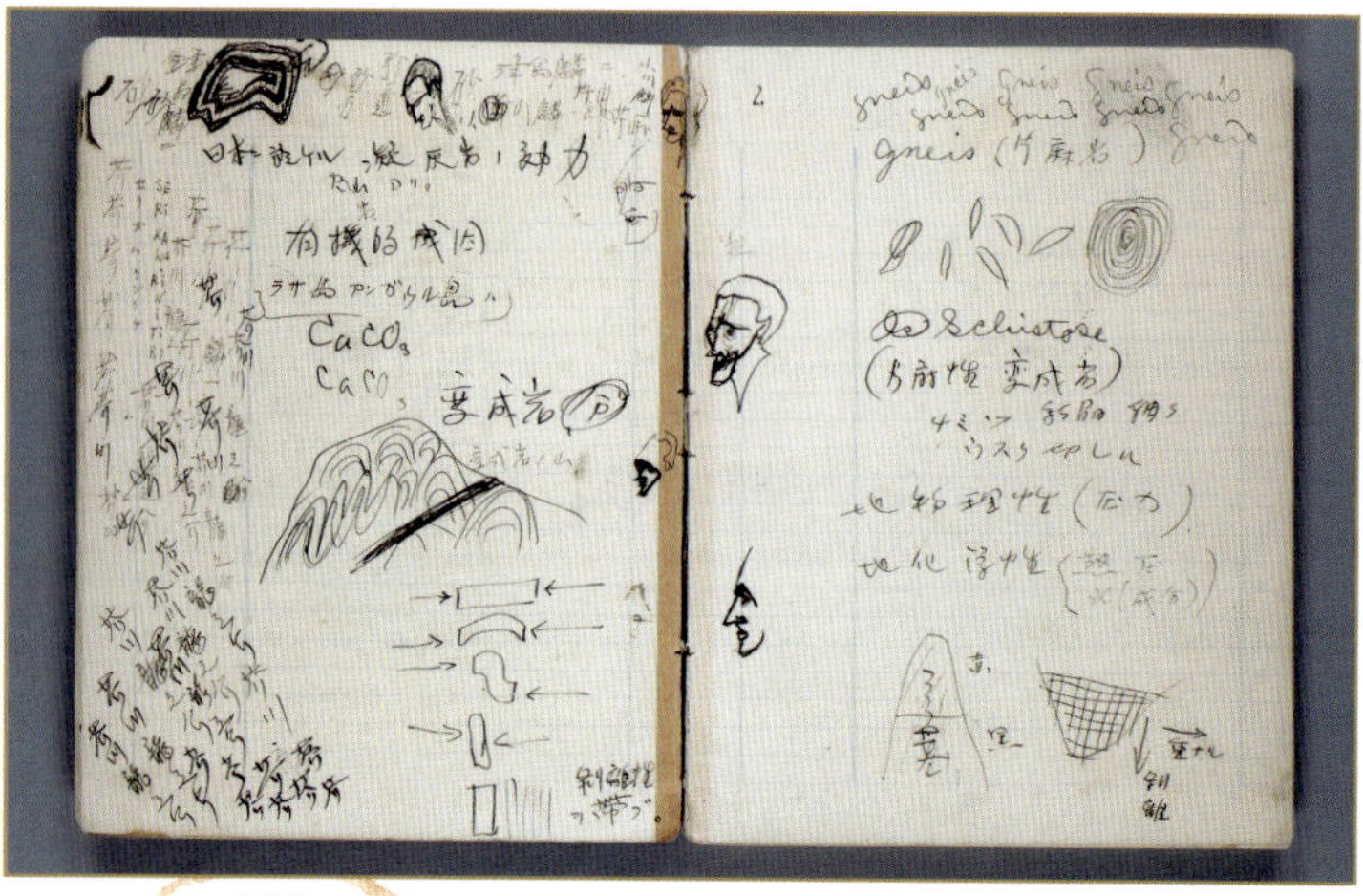

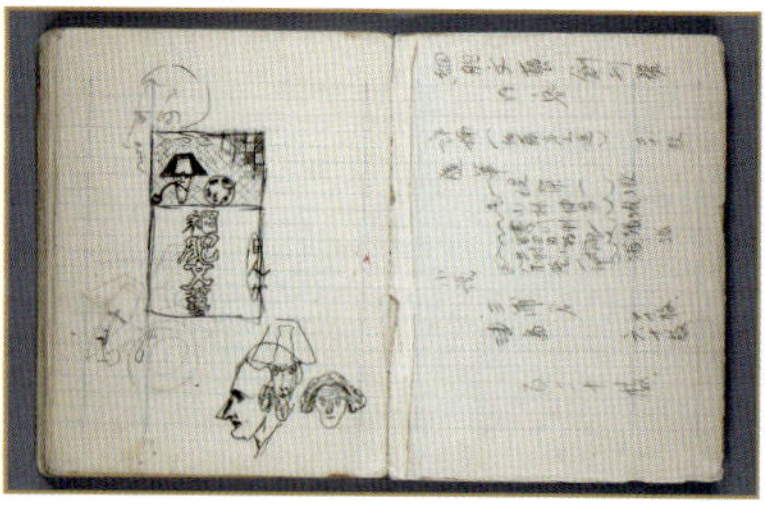

太宰治が高校一年の時に使用していた自然科学・地理学の学習ノート。はじめの方は真面目にノートをとっているが、しばらくすると全般にわたって落書きが多くなる。

写真上 左下に「芥川龍之介」と何度も書き連ね、近くには芥川を意識していたのか「芹川麟一《せりかわりんいち》」「小《お》川《がわ》麟一郎《りんいちろう》」など、ペンネームの構想とみられる羅列も。ここに見られる顔の落書きは太宰の学習ノートに共通してよく登場する。

写真下 太宰が高校二年の時に発刊した『細胞文芸』創刊号の表紙デザインの構想や、全体の内容構成について書き記している。その後太宰はこの創刊号で、「辻島衆二」という名で「無間奈落」を発表した。

第弐幕

ポートマフィア構成員名簿

Member Directory

芥川 龍之介
中原 中也
尾崎 紅葉
夢野 久作
梶井 基次郎
樋口 一葉
広津 柳浪
立原 道造
森 鷗外
織田 作之助

ポートマフィア

Ryunosuke Akutagawa

芥川龍之介

能力名：羅生門《ラショウモン》

Data｜年　齢：20歳　｜身　長：172cm　｜体　重：50kg

無価値な人間に呼吸する権利はない

危険な連中の多いマフィアの中でも特に残虐《ざんぎゃく》で、殺戮《さつりく》に特化した異能力を操る男。その強さによって部下からは畏怖《いふ》と尊敬を受けている。獣《けもの》のような影を出現させる異能力「羅生門《ラショウモン》」は、空間を含めたあらゆるものを食らう。七十億の懸賞金が掛かった人虎《じんこ》を生け捕りにするため、樋口に命じて敦を呼び出させた。電話越しに鏡花を操っていた張本人。他人を駒《こま》のように扱い、部下を信頼しない。かつて太宰から教育を施《ほどこ》された元部下であり、太宰が高く評価している敦に強い対抗心を燃やした。後にはマフィアとして人虎を生け捕りにすることよりも、力で敦に勝つことを優先させるようになる。その根底にあるのは、師でありながら最後まで己の力を認めなかった太宰への執着。敦との戦いで重傷を負った後、利用した運び屋を全員殺して証拠隠滅《いんめつ》を図ったために恨みを買い攫《さら》われたが、樋口と「黒蜥蜴《くろとかげ》」によって救い出された。

↑作家の芥川と谷崎は小説について論を戦わせたが、アニメ第三話では、こちらも芥川と谷崎の異能力による戦いとなった

芥川龍之介

Q&A

Q 狂気に怯《おび》える?

A. 作家・芥川の自叙伝《じじょでん》的作品「点鬼簿《てんきぼ》」はこんな書き出しで始まっている。「僕の母は狂人だった」。生みの母・新原《にいはら》ふくは芥川が生まれた半年後に突然精神に変調をきたしてしまう。このことは後の芥川の人生に暗い影を落としていくことになったが、そのことを、芥川自身は晩年まで明らかにしなかった。自殺の前年に書いた「点鬼簿」に表れていた芥川の神経衰弱は、義兄の自殺によって翌年更に悪化した。また、親しくしていた友人の宇《う》野《の》浩《こう》二《じ》が精神を病んで入院した。芥川は「或《ある》阿《あ》呆《ほう》の一生」の中で、その孤独に親しみを感じていた宇野の病と宇野が好んだ*ゴオゴリイの精神的な病とを重ね合わせ、芥川の周囲に狂気が迫っていることを感じていたのだった。

*ニコライ・ゴーゴリ。ウクライナ出身の作家。

Q VS.谷崎潤一郎?

A. 一九二七年四月、雑誌『改《かい》造《ぞう》』上で、先輩作家である谷崎潤一郎と芥川との間で論争が起こった。論争の主題は、小説の筋《すじ》と小説の面白さについてだった。谷崎は『改造』連載の「饒《じょう》舌録《ぜつろく》」において「事実をそのまま材料にしたものやそうでなくても写実的なもの」ではなく「うそのこと」、すなわち作った筋に面白さを感じると書いた。かつて前者のような小説を書いていた芥川は谷崎の意見に対し、雑誌『新潮』において、筋の面白さに芸術的価値を見いだすことへの疑問を呈《てい》した。これに対して谷崎は小説の筋の面白さとは構造の面白さや建築的な美しさであり、小説という形式が持つ特権なのだと反論した。芥川は『改造』連載の「文芸的な、余《あま》りに文芸的な」上で更に反論。「話」らしい話のない小説を、最も詩に近く、最も純粋な小説であるといい、形式よりも詩的精神を重要視した。

あらすじで読む

羅生門

立て続けに起こった天災のため、京都の洛中《らくちゅう》はさびれていた。そんな雨の降る夕暮れ時、一人の下人《げにん》が羅生門の下に立っていた。彼は四・五日前に主人に暇《ひま》を出され、あてどもなくそこにいたのである。生きるために手段を選んでいる場合ではなかった。飢死《うえじに》しないために下人が取るべき手段は盗人《ぬすびと》になることだったが、まだ勇気は出ない。下人は人目に付かず一晩眠るために、羅生門の上の楼《ろう》に上がることを思いついた。死人が捨てられているという噂はあったが、死人ならばむしろ安全と考えたのである。

梯子《はしご》を登っていった下人の目に入ってきたのは、無造作《むぞうさ》に捨てられた死骸《しがい》だけではない。そこには一人の老婆がいた。下人が見守る中、老婆《ろうば》は松明《たいまつ》を片手に持って死骸の一つを覗《のぞ》き込み、女性らしき死骸の頭から長い髪の毛を一本一本抜き始める。それを見た下人は次第に初めの恐怖を忘れ、同時にあらゆる悪に対する憎悪、反感が強まっていった。下人は一足飛びに楼へ上がり、老婆と向き合った。驚き怯える老婆を突き放して太刀《たち》を突きつけて、何をしていたのかを問いただす。下人は、彼の意志に老婆の生死が支配されていることを意識するに従って憎悪を収め、代わりに安らかな満足を覚えていた。

老婆が必死で答えるには、死体の髪を抜いて鬘《かつら》にしようとしていたという。平凡な答えに下人は失望し、同時にまた憎悪がわき上がってきた。老婆は必死に言い訳を始める。死体の女性が生前餓《が》死《し》しないため手段を選ばなかったように、老婆の行為は餓死しないために仕方なくおこなうことなのだ。下人は太刀をおさめた。老婆の言葉を聞くうち、彼の心にはある勇気が生まれてきていた。生きるために何でもしようという勇気である。下人はすばやく老婆の着物をはぎ取り、またたくまに梯子を駆け下りた。老婆が這々《ほうほう》の体《てい》で門の下を覗き込むと、そこにはただ黒洞々《こくとうとう》たる夜が広がるばかりだった。

Key words

今昔物語　悪　自己覚醒

あらすじで読む

おぎん

遠い昔。天主《てんしゅ》のおん教えを信じるものは迫害《はくがい》される世の中だった。迫害が烈《はげ》しいゆえに、長崎の村々には天使や聖徒の見舞うことがあった。同時に悪魔も信仰《しんこう》を妨げようと動いていた。その頃、浦上《うらかみ》の山里村《やまざとむら》におぎんという少女が住んでいた。仏教を奉じていた両親は既に亡く、近所の「じょあん孫七《まごしち》」に引き取られて育ったおぎんは、孫七やその妻「じょあんなおすみ」とともに信仰を守りながら暮らしていた。

しかし、とある年のなたら（降誕祭《クリスマス》）の夜、孫七の家に悪魔と役人がやってきた。役人たちは孫七夫婦とおぎんに縄をかけたが、彼ら三人は悪びれるどころかなたらの夜に捕らえられたことを天の思《おぼ》し召《め》しと考えるのだった。役人を連れてきた悪魔は三人の捕まったことに喜んだ一方、信仰を貫く姿が不愉快《ふゆかい》だった。「じょあん孫七」「じょあんなおすみ」「まりやおぎん」は土の牢《ろう》に投げ込まれて様々な責めを受けても信仰を守り続ける。おぎんのもとには、多くの天使や聖徒さえ慰《なぐさ》めに訪れた。代官の命により火あぶりと決められ、村はずれの刑場へと引き立てられる三人は、一ヶ月の牢生活に疲弊《ひへい》してはいるものの、静かな表情だった。

そして、処刑の準備が整った。一人の役人が三人の前に歩み寄り、天主のおん教えを捨てるための猶予《ゆうよ》を与えた。信仰を捨てるならばすぐに解放するというのである。数分の沈黙ののち、一つの声が聞こえた。「わたしはおん教えを捨てる事に致しました」。おぎんである。縄を解かれたおぎんは驚く孫七・おすみの前に跪《ひざまず》き、許しを乞《こ》うた。天主の教えを知らないまま亡くなったおぎんの両親は「いんへるの」へ堕《お》ちているのに違いなく、おぎん一人「はらいそ」の門をくぐるのでは顔向けができない。涙に濡れたおぎんの目には人間の心が光っていた。おぎんの訴えを受けて孫七とおすみも信仰を捨てることを決意する。彼らの裏切りに大喜びの悪魔は、夜中じゅう刑場を飛び回っていたという。

Key words

切支丹　背教

1 min

1分でわかる

芥川龍之介

芥川龍之介が生まれたのは一八九二年、東京市京橋区に住む新原敏三《としぞう》とふく夫妻のもとだった。「龍之介」の名は辰年辰月辰日辰刻生まれに由来する。この年、敏三は四十三歳の厄年《やくどし》、ふくも三十三歳の厄年にあたる年だったため、大厄《たいやく》に生まれた子の芥川は、縁起《えんぎ》をかついで形式的な捨て子とされた。ふくは芥川の生まれた年の十月に精神に変調をきたし、一歳にもならない芥川は母の実家であった芥川家へ引き取られ、伯《お》母《ば》のふきに育てられた。十二歳の時には正式な養子となっている。一八九九年には、新原家へ手伝いに来ていたふくの妹・ふゆと、敏三との間に弟が生まれた。芥川が江東尋常小学校高等科に進学した一九〇二年、母・ふくが亡くなる。生みの母のことを芥川は終生気に病んでいたという。

江東尋常小学校時代は勿論《もちろん》、東京府立第三中学に入学してからも成績優秀であり、国木田独歩や森鷗外、夏目漱石《なつめそうせき》の作品を愛読した。一九一〇年の中学卒業時には無試験で第一高等学校に進学、卒業後は東京帝国大学英文学科へ進学した。翌年には友人たちと第三次『新思潮《しんしちょう》』を発刊し、小説「老年」を発表。一九一五年には『帝国文学』へ「羅生門」を発表したが反応は得られなかった。

年末に夏目漱石の木曜会に出席して以降師事《しじ》することになり、翌年二月発表の「鼻」で漱石の激賞を受ける。東京帝国大学を卒業した同年、「手巾《ハンケチ》」の発表によって文壇での地位を確立し

←第四次『新思潮』同人と。東京帝国大学在学時。右から、成瀬正一、芥川龍之介、松岡譲、久米正雄

芥川龍之介

たが、十二月に夏目漱石が死去。早すぎる師の死だった。

その頃、古くから知っていた友人の姪《めい》・塚本文と婚約、結婚は一九一八年におこなった。一九一七年には第一作品集『羅生門』を出版。この時の装丁は芥川自らがおこなった。また、出版記念の「羅生門の会」が谷崎潤一郎らの主催で開催された。

「奉教人《ほうきょうにん》の死」は一九一八年に発表された切支丹《きりしたん》物の代表作。この中で芥川が挙げた著者所蔵の切支丹本『れげんだ・おうれあ』が未だ世に出ていない切支丹書籍として話題になった。内《うち》田魯庵《だろあん》が芥川の自宅まで訪れて見せてくれるよう頼んだが、『れげんだ・おうれあ』という書物自体芥川の創作であった。

二十七歳の時にそれまで務めていた海軍機関学校の教職を退《しりぞ》き、専業作家となる。二十九歳の時、大阪毎日新聞社からの依頼で海外視察員《しさついん》として中国へ渡るが、旅行中に体調を崩し、帰国後も健康は悪化し続けた。そんな中、一九二七年に義兄・西川豊の家が全焼した。放火の疑いを掛けられた西川は、二日後に鉄道自殺をし、残された借金などの後始末や整理のため芥川は奔走《ほんそう》。心身共に疲労を重ねた。四月には小説の筋の面白さを巡《めぐ》って谷崎潤一郎と論争になり、五月には友人の宇野浩二が精神的な病を患ったため、精神疾患への恐れをより強く抱くようになった。七月、田端《たばた》の自宅でヴェロナール及びジアールの致死量《ちしりょう》を飲み自殺。葬儀では、長男の名前の由来となった菊池寛《きくちかん》や泉鏡花によって弔詞《ちょうし》が読まれた。命日の七月二十四日は芥川の自画像にちなんで「河童忌《かっぱき》」と呼ばれている。

→『羅生門』出版記念会（一九一七年六月二十七日）での一枚。左手前が芥川、右手前は谷崎潤一郎。日本橋のレストラン鴻の巣にて

ポートマフィア

Chuya Nakahara

中原中也

能力名：汚《ヨゴ》れつちまつた悲《カナ》しみに

Data｜年　齢：22歳　｜身　長：160cm　｜体　重：60kg

立てよ、招宴《パーティ》は始まったばかりだぜ

ポートマフィアの幹部であり、黒い帽子がトレードマークの青年。動きが速く戦闘能力にも優れ、マフィアきっての体術使いと称される。マフィア時代の太宰とはかつてともに敵組織を一夜で滅ぼし、「双黒《そうこく》」と呼ばれた黒社会最悪の二人組《コンビ》だった。付き合いも長いため互いの考え方や戦闘の癖《くせ》を把握《はあく》している一方、仲はすこぶる悪い。異能力は触れたものの重力を操作する「汚《ヨゴ》れつちまつた悲《カナ》しみに」。その特性ゆえ壁や天井に立つことは造作なく、降り立つだけで混凝土《コンクリート》の地面を衝撃波で抉《えぐ》りとる。

だが中也の異能の真の姿は周囲の重力子すらも操る『汚濁《おぢょく》』形態にある。発動すれば中也本人に力を制御できなくなり、太宰の「人間失格」によって異能を無効化するタイミングが遅れれば中也が死ぬことになるため、太宰に命を預ける覚悟と信頼がなければ発動できない奥の手でもある。

中原中也

→『文スト』では元々は相棒だった太宰と中也

Q & A

Q 太宰とは犬猿《けんえん》の仲？

A. 詩人の中也と作家の太宰はその仲の悪さでも知られていたが、お互いを嫌い合うというより、中也が一方的に喧嘩《けんか》を売る形だったという。中也には酒に酔《よ》うと人に絡《から》む癖《くせ》があり、また饒舌《じょうぜつ》にもなった。ある時、檀一雄《だんかずお》・草《くさ》野心平《のしんぺい》を含めた四人で呑《の》んでいると、酔いの回った中也が太宰に「全体、おめえは何の花が好きだい?」と尋ねた。詩人としての中也を尊敬しているがゆえに戸《と》惑《まど》う太宰が泣き出しそうな声でたどたどしく答えた「モモノハナ」を中也は気に入らない。四人の間で店のガラス戸が割れるほど壮絶《そうぜつ》な乱闘になったが、いつの間にか太宰は店から消えていた。また、二回目に檀一雄とともに呑んだ時は、酔った中也の絡みに閉口《へいこう》し逃げて帰った太宰を追って家にまで上がっていったという。

Q 帽子がトレードマーク？

A. 中也はフランスの象徴派詩人アルチュール・ランボーに、詩・生活どちらの影響も受けていた。ランボーは早熟《そうじゅく》の天才として名高く、同時にスキャンダラスな詩人でもあった。自由気ままなランボー的振る舞いを、芸術家らしさと捉《とら》える傾向が当時の文壇にあり、自身の天才性を強く意識していた中也にとって、ランボーは格好《かっこう》の手本だったのだ。のみならず、中也はランボーの服装も見倣っていた。現在最も流布《るふ》している中也の写真はヴェルレーヌのスケッチした若き日のランボーのように帽子を被った写真で、当時お釜帽《かまぼう》と呼ばれたその帽子は現在中也のトレードマークともなっている。また、中也は日本におけるランボーの普及《ふきゅう》にも貢献《こうけん》した。一九三三年、中也の処女詩集『山羊《やぎ》の歌』が出版されるより早くランボーの詩集『ランボオ詩集（学校時代の詩）』を刊行。その後も精力的に翻訳をおこない、小林秀雄《こばやしひでお》とともに日本へランボーの名を知らしめた。

↑詩人・中原中也と同じ黒い帽子がトレードマークだ

原文で読む

汚れつちまつた悲しみに……

汚れつちまつた悲しみに
今日も小雪の降りかかる
汚れつちまつた悲しみに
今日も風さへ吹きすぎる

汚れつちまつた悲しみは
たとへば狐の革裘《かはごろも》
汚れつちまつた悲しみは
小雪のかかつてちぢこまる

汚れつちまつた悲しみは
なにのぞむなくねがふなく
汚れつちまつた悲しみは
倦怠《けだい》のうちに死を夢む

汚れつちまつた悲しみに
いたいたしくも怖気《おぢけ》づき
汚れつちまつた悲しみに
なすところもなく日は暮れる……

「汚れつちまつた悲しみに」という七五調のリフレインを響かせながら、詩の景色は展開していく。「小雪」という具体的なもの、具象《ぐしょう》にはじまった風景は「たとへば狐の革裘」という比喩《ひゆ》へ、そして抽象的な死に至り、最後は夕暮れとともに消えていく。純粋だったはずの「悲しみ」は汚れてしまい、純粋ではなくなってしまう。それに気付きながらも「なにのぞむなくねがふなく」、詩人はただ汚れた悲しみとともに消えていく他ないのである。

立原道造《たちはらみちぞう》はこの詩を「対話」ではないとして自己完結した詩として糾弾《きゅうだん》しながらも、「完璧な芸術品」と称した。

Key words

悲しみ　感傷　自意識

原文で読む

頑是《がんぜ》ない歌

思へば遠く来たもんだ
十二の冬のあの夕べ
港の空に鳴り響いた
汽笛《きてき》の湯気《ゆげ》は今いづこ

雲の間に月はゐて
それな汽笛を耳にすると
竦然《しようぜん》として身をすくめ
月はその時空にゐた

それから何年経つたことか
汽笛の湯気を茫然《ばうぜん》と
眼で追ひかなしくなつてゐた
あの頃の俺はいまいづこ

今では女房子供持ち
思へば遠く来たもんだ
此《こ》の先まだまだ何時までか
生きてゆくのであらうけど

生きてゆくのであらうけど
遠く経て来た日や夜の
あんまりこんなにこひしゆては
なんだか自信が持てないよ

さりとて生きてゆく限り
結局我ン張《がば》る僕の性質《さが》
と思へばなんだか我ながら
いたはしいよなものですよ

考へてみればそれはまあ
結局我ン張るのだとして
昔恋しい時もあり　そして
どうにかやつてはゆくのでせう

考へてみれば簡単だ
畢竟《ひつきやう》意志の問題だ
なんとかやるより仕方もない
やりさへすればよいのだと

思ふけれどもそれもそれ
十二の冬のあの夕べ
港の空に鳴り響いた
汽笛の湯気や今いづこ

十二の冬、とは大正十二年の冬である。その時中也は恋人となる長谷川泰子と出会い、人を愛することを知った。「月」は泰子の言い換えとしてよく使われている。二人の愛を象徴する「汽笛」は中也が幼い頃耳にした汽笛、純粋無垢《むく》だった頃の象徴である。純粋な恋愛を楽しんでいた日々から遠く離れて幸せに暮らしながらも、不意にかつての記憶を思い出している。

Key words
恋　思い出

1
min
1分でわかる

中原中也

中原中也は一九〇七年山口県吉敷《よしき》郡に生まれた。当時父・謙助《けんすけ》は母・フクの生家、中原家の名字を拒否して士族の柏村姓を名乗っており、長男の中也にも士族の身分を継がせたいとの思いから柏村中也とした。謙助は陸軍三等軍医、卒業した医学校の校長は森鷗外だった。後には軍医を引退し郷里《きょうり》の町医者となる。幼い中也は母とともに当時中国の旅順《りょじゅん》に駐屯《ちゅうとん》していた父のもとを訪れ、共に暮らした。七歳の時謙助が朝鮮へ行くことになったが学齢を迎えたこともあり山口へ帰った。

一九一五年、仲の良かった弟・亜郎《つぐろう》（通称・あろう）が死去。弟を偲《しの》んで初めての詩を詠んだ。この年、中原家と養子縁組を結んで中原中也となる。家族内にはカトリック、プロテスタント、浄土宗が混在《こんざい》しており、同じ足で寺とカトリック墓地とに詣《もう》でることもあったという。

十三歳のとき雑誌『婦人画《ふじんが》報《ほう》』と『防長《ぼうちょう》新聞』に短歌が入選。県立山口中学に入学したものの勉強への意欲は低く、読書量の多さを教師から注意される。一九二三年には落第《らくだい》。留年はせずに遠方《えんぽう》の立命館《りつめいかん》中学を受験し、一人京都に暮らすこととなる。実家からの仕送りにより放蕩《ほうとう》を知る一方、『ダダイスト新吉の詩』を読み、既存の芸術や価値を否定するダダイズムに傾《けい》倒《とう》した。同年女優を目指していた長谷川泰子を知り、翌年には同棲。一九二五年には泰子を伴い大学受験の名目で上京したが失敗、予備校に通うといって東

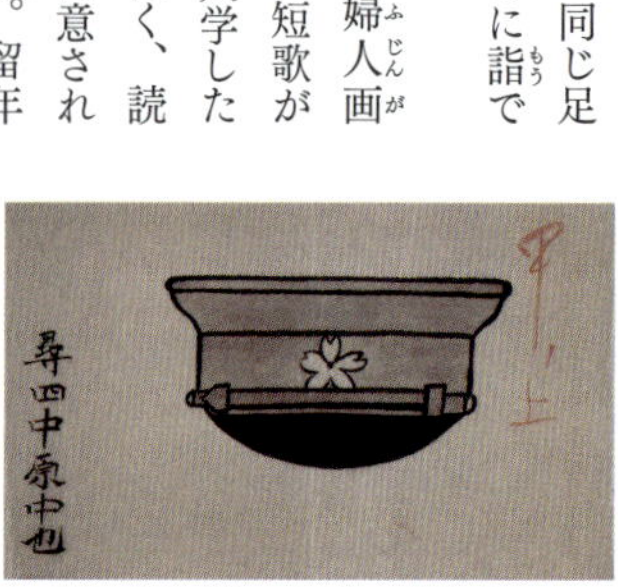

↑中也が尋常小学校四学年の時に描いた学帽の絵

←中也五歳（左）、亜郎（右）と。約二十年間、中也から末弟の拾郎まで乗せた中原家の乳母車は養祖父の政熊が買ったアメリカ製。「その頃の中也は利発な暴君であった。附属幼稚園の「中也さん」の巧みな茶目っぷりは全院にしれわたっていたらしい」（中原思郎『兄中原中也と祖先たち』）。

中原中也

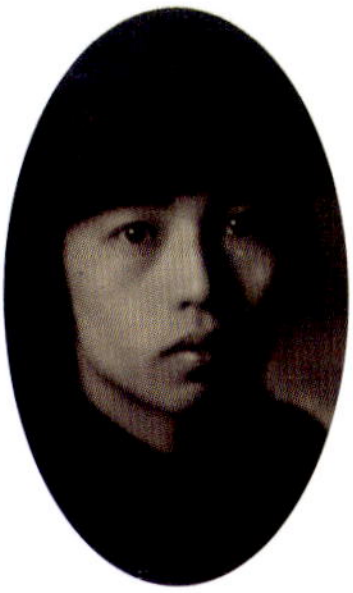

京に移り住んだ。半年あまり経った後、中也の東京の友人・小林秀雄のもとへ泰子は去ってしまう。この後も中也は小林・泰子両者との交流を続け、小林が泰子のもとを去った後は泰子と山川幸世の息子・茂樹の名付け親となり、溺愛《できあい》した。

一九二六年、日本大学予科に入学するが、退学。アテネ・フランセに通ってフランス語を学んだ。一九三〇年には外務書記生としての渡仏を目論《もくろ》み中央大学予科へ編入学し、翌年には東京外国語学校専修科仏語部に入学している。二十一歳で父・謙助が亡くなり戸主となった。しかし、外聞《がいぶん》のため葬儀への出席を拒否されてしまう。外国語学校を卒業した一九三三年に上野孝子と結婚。翌年誕生した長男・文也《ふみや》に期待をかけて可愛がったが、二歳で死去。悲しみの余り精神錯乱《さくらん》に陥《おちい》り一時入院した。

初めての詩集『山羊の歌』を自費《じひ》出版しようとしたのは一九三二年、中也二十五歳の時だった。まず予約を受けて資金を集め二百部を刷る予定だったものの、実際の予約は十件程度。しかも印刷の前に予約金と実家からの仕送りを使い込んだため、再度の仕送りを頼むことになった。本文印刷のみで資金が尽きてしまい、刷り上がった本文だけを友人の安原喜弘《やすはらよしひろ》へと預けた。二年後に文圃堂《ぶんぽどう》より『山羊《やぎ》の歌』が刊行され、好評を博した。小林の関わっていた雑誌『文学界』へ「雲雀《ひばり》」などを精力的に発表し、『四季』の同人となって「蛙声《あせい》」を発表。第二詩集『在《あ》りし日の歌』の清書を終えた一九三七年に結核性脳膜炎《けっかくせいのうまくえん》を発病し、三十歳で死去した。

↑上野孝子との結婚式での一枚。撮影した弟・思郎の回想では、中也より二センチ背の高い新婦をどのようにして中也より低く見せるか苦心したという

ポートマフィア

能力名:金色夜叉《コンジキヤシャ》

Kouyou Ozaki

尾崎紅葉

Data｜年　齢：26歳　｜身　長：171cm　｜体　重：62kg

闇《やみ》に咲く花は、闇にしか憩《いこ》えぬ

ポートマフィア五大幹部の一人。異能力「金色夜叉《コンジキヤシャ》」は鏡花と同タイプで、和装にマント姿、仕込み杖の夜叉を操る。鏡花のことを大切に思い、非常に気にかけている。

闇に生まれたものは闇でしか生きられないと、鏡花を探偵社から連れ戻すため部下とともに自ら迎えに来たが、探偵社の捕《ほ》虜《りょ》として捕らえられた。

紅葉が鏡花と同じ歳だった頃、慕《した》っていた年上の男と組織を抜けようとしたが、先代のポートマフィア首領に露見《ろけん》し男は殺された。以来長年ポートマフィアを恨《うら》んでいたが、鴎外の統《す》べる今の組織は気に入っており、マフィアに残って組織の立て直しに身を砕《くだ》く決意がある。

自分の過去と鏡花の境遇《きょうぐう》を重ね、鏡花には、希望を見出した後に絶望を味わった自分と同じような思いをしてほしくないという親心があった。

尾崎紅葉

→『文スト』紅葉の鏡花に対する親心は作家・尾崎紅葉と通ずるところがあるだろう

Q&A

Q 親分気質な頼れる師匠？

A. 作家・泉鏡花は生涯尾崎紅葉を師と仰ぎ敬愛した。紅葉もまた鏡花に深い愛情を注ぎ、鏡花に宛てた書簡では「汝の脳は金剛石《ダイヤモンド》なり」と書くほど、よく目をかけていた。

そんな紅葉を、鏡花が回想して記した逸話は多く残っている。談話「紅葉先生の追憶」によると、若き鏡花は紅葉に憧れて故郷の金沢から上京したものの、新橋に着いて都会の広大さに驚き、すぐには紅葉を訪問できなかった。そのまま約一年放浪生活を続け、気力も金もなくなりかけた頃、つてでなんとか紅葉に面会がかなった。故郷を発《た》った翌年の十月十九日のことである。

鏡花は、「小説をやりたくて東京へ出て来たのですが、（中略）何より喰うに困りますからもう国へ帰ろうと思いましたが、それにしてもせめて先生のお顔だけでもと存じましたが、お逢い下さいました。私はもう思い残す処《ところ》なく国へ帰れます」と言うだけがやっとだったという。すると紅葉は「お前も小説に見込まれたな」と笑い「都合が出来たら世話をしてやってもよい」と言った。

夢心地の鏡花が翌日紅葉のもとを訪れると「狭いが玄関に置いてやる、荷物を持って来い」と玄関番の役割を与えられた。そして、紅葉は「夜具はあるまいな」と尋ねたという。鏡花はこの時を振り返って、もしも「夜具はもっているか」と聞かれたとしたら、「ございません」とは気が引けて言えなかったが、「持ってはいまいな」と紅葉が聞いてくれたからこそ、「ございません」と、あまり言いにくくなく答えられたのだと、紅葉の思いやりに感じ入ったように記している。紅葉二十代にして、文人らしくどっしりと構えた人物であったことがうかがえるエピソードである。

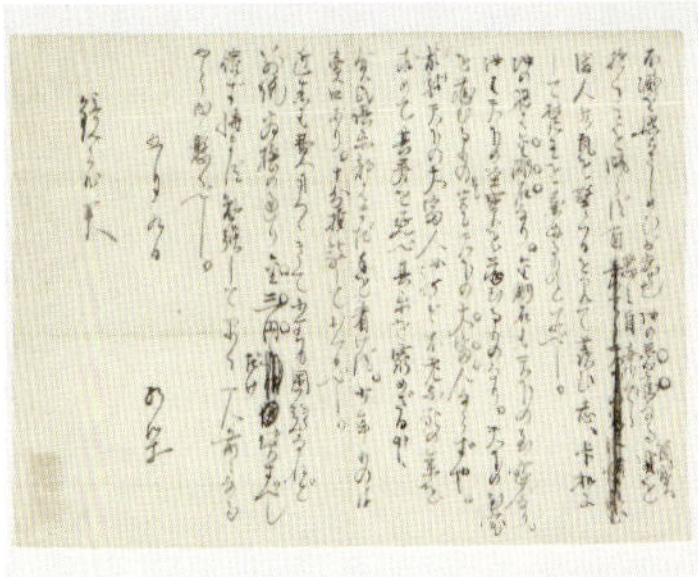

→尾崎紅葉が泉鏡花に宛てた書簡。右から五行目に「汝の脳は金剛石なり」とある。紅葉はその達筆ぶりでもよく知られていた

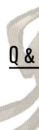

あらすじで読む

金色夜叉

十五歳で孤児となった間貫一《はざまかんいち》は鴫沢《しぎさわ》家に引き取られ、第一高等中学生となった。大学入学後には相愛の鴫沢家の娘・宮《みや》と結婚する予定もたっていた。

だが、かるた会で金持ちの富山唯継《とみやまただつぐ》と出会い、金剛石《ダイアモンド》の指輪を自慢される。富山は宮を見初め、宮もまた貫一を裏切って富山と結婚することを決める。

月の見える夜の熱海で、貫一は怒りに震えながら宮を責めた。貫一は富山に嫁ごうとする宮を蹴《け》飛《と》ばしてそのまま行方知れずとなる。

行方をくらましてのち、貫一は高利貸し・鰐淵《わにぶち》直行《ただゆき》の手代として働いていた。貫一にとって宮に裏切られた衝撃は大きく、また、金のために裏切られたと考えて不正な稼業と知りながら高利貸しに身を堕とした。貫一は同業者の赤樫満枝《あかがしみつえ》から独立して一緒にやっていかないかと誘いを受ける。

貫一は高利貸しの稼業にのめり込み、夜叉のように冷酷に債務者に取り立てをした。だがある債務者から恨みをかい、夜道で襲われ大けがを負ってしまう。一方で富山と結婚した宮は貫一がいなくなってから貫一への気持ちに気付く。子爵邸での思いがけない再会を果たしてから、思いは募るばかりだった。

宮は貫一を訪ねて自分の罪を詫《わ》びるが、貫一ははね付ける。宮と満枝が血まみれの争いになる。宮が死に、がく然とする貫一だったが、すべては夢だった。

宮と満枝に迫られる悪夢にうなされてから一週間ほどして、貫一は仕事のため塩原へ来ていた。そこで出会ったのは借金のために心中しようとする新橋の芸者・お静と狭山。狭山の借金は三千円。そしてお静を身請けしようとしていたのは、あの富山唯継だった。二人の純粋な気持ちに胸打たれた貫一は二人の借財を代わりに払い使用人として引き取った。

そして貫一のもとへ、病に伏せる宮から手紙が届く。宮は、死ぬ前に一度だけ会いたいと何度も訴えるのだった。

（作者急逝のため未完）

Key words

資本主義の勃興　愛と金　雅俗折衷

1 min

1分でわかる

尾崎紅葉

尾崎紅葉(本名・徳太郎)は、一八六八年一月十日、江戸の芝中門前町で父・谷斎《こくさい》(惣蔵)と母・庸のもとに生まれた。生まれた翌年は明治元年。尾崎紅葉は、急激に近代化していった明治という時代の波に乗り、成功を摑んだ作家の一人である。

紅葉は一八七二年に母と死別した後、母方の祖父母のもとで育てられ、東京府第二中学校に入学したが、中退し漢学や漢詩文、英語などを学びながら大学予備門を目指した。

一八八三年、東京大学予備門に入学し、在学中に山田美妙や石橋思案らと硯友社を結成。機関誌『我楽多《がらくた》文庫』を発行し文学活動を始めた。

一八八九年、出世作『二人比丘尼色懺悔』《ににんびくにいろざんげ》を刊行。その年の十二月には、大学に在学しながら読売新聞社に入社し、翌年帝国大学を退学。一八九一年、樺島喜久と結婚し二男三女をもうけた。

一八九二年からは、読売新聞上で「三人妻」「心の闇」などを連載し、体調の不良やスランプなどを乗り越えて一八九六年、「多情多恨」の連載を始めた。そして、翌年には、代表作「金色夜叉」の連載をスタート。同作は現在に至るまで三十回以上映画化されているが、当時から絶大な人気を誇った作品であった。

紅葉は二十代の若さで明治期の文壇を昇りつめて頂点に君臨し、また多くの門下生を育成した。

一九〇二年、読売新聞社を退社。のち二六新報社に入社したが、一九〇三年、胃癌《いがん》により「金色夜叉」未完のまま、わずか三十五歳の生涯を閉じた。

↑一九〇二年二月二十二日に撮影された一枚。幸田露伴（左）と尾崎紅葉（右）。露伴は紅葉と同じ慶応三年生まれでほぼ同時期に活躍し、「紅露」と並び称される人物だが、夭逝《ようせい》した紅葉と対照的に八十歳まで生きた長命だった

ポートマフィア

Kyusaku Yumeno

夢野久作

能力名：**ドグラ・マグラ**

Data｜年　齢：13歳　｜身　長：146cm　｜体　重：38kg

――さあ、とびっきりの狂気を見せてよ

ポートマフィアの座敷牢《ざしきろう》から解き放たれた「Q」と呼ばれる少年。ポートマフィアの構成員。精神操作の異能力「ドグラ・マグラ」の持ち主。Qを傷つけた人間を呪いの受信者とし、Qがいつも持ち歩いている呪いの根源である人形を破壊することでその呪いが発動する。対象は幻覚に支配されて周囲を無差別に襲う。敵味方双方に被害の出る可能性があるため忌《い》み嫌われ、長い間幽閉されていた。敦に幻覚を見せてナオミと春野綺羅子《はるのきらこ》を襲わせた。その後ラヴクラフトをターゲットに定めたが返り討《う》ちにあい、「組合《ギルド》」に捕らわれることとなる。ただ楽しく生きたいと願っているが、能力のために苦しみ、傷ついていることを「横浜焼却作戦」に利用された。ジョン・Sの異能力「怒《イカ》りの葡萄《ブドウ》」を介して横浜中の樹木と繋がったQは呪いの対象を街の20％にまで拡大した。唯一の対抗手段である太宰の「人間失格」により呪いは無効化され、太宰と中也の二人によって監禁施設から助け出された。

夢野久作

Q & A

↑Qの異能力「ドグラ・マグラ」によって敦は幻覚にとらわれた

Q 父は明治政界の黒幕？

A. 作家・夢野久作の生家である杉山家は、福岡藩のお伽衆《とぎしゅう》として学問・芸術・武芸に精通する家系であった。そんな家において久作の父・茂丸は政治の人だった。

自由民権運動の気風に触れていた茂丸は、当時の首相だった伊藤博文の暗殺を決意して上京、面会にこぎ着ける。伊藤とのやりとりの中で自重を諭《さと》され訓戒《くんかい》を受けて政治に目覚めた茂丸は、その後伊藤や山縣有朋《やまがたありとも》らの背後で活動するようになった。

政治活動に熱心だった茂丸は結婚後も家庭を顧《かえり》みなかったため、家庭は困窮し久作や義母・幾茂は辛酸《しんさん》を舐《な》めた。十八歳になった久作は家族を博多に放ったままの父親に耐えかねて単身上京して、茂丸に抗議。中学卒業と共に家族を上京させる約束を取り付けた。その代わりに久作へ言い渡されたのが軍への入隊だった。茂丸は学問に熱中する久作のことを神経過敏だとして、常々硬派な態度を求めていた。

「夢野久作」という名は、久作が書きかけの原稿を茂丸に読ませた際の感想「夢の久作が書いた小説のようだ」に由来しているという。「夢の久作」とは実在の人物ではなく、当時の福岡界《かい》隈《わい》で間の抜けたぼんやりした男を指して言った言葉だった。茂丸の言葉を聞いた久作は「あやかしの鼓」から筆名に夢野久作を用いている。

Q 江戸川乱歩からの酷評？

A. 一九二六年、「あやかしの鼓」が博文館の探偵小説懸賞に当選した。選考委員の一人だった乱歩は「あやかしの鼓」ではない作品を推しており、雑誌『新青年』の「当選作所感」においては「人物が一人も書けてゐない」と酷評。「鏡花の名文だって、この筋ではこなせないかも知れません」と述べた。しかし、一九二九年発表の「押絵の奇蹟」に対しては打って変わって激賞。乱歩は「瓶詰の地獄」や「氷の涯」も高く評価したが、その後も「あやかしの鼓」に対する評価だけは変わらなかった。

あらすじで読む

ドグラ・マグラ

真夜中の時計に導かれ独房の中で目覚めた「私」は、自分で自分のことを忘れてしまっていると気が付いた。隣室から聞こえるのは許嫁《いいなずけ》の「お兄さま」を呼ぶ若い女の声。「私」が自分の名前を尋ねたことをきっかけに訪問してきた九州大学医学部長若林鏡太郎は、「私」のいる場所が精神病科であることを告げた。故正木博士の提唱した「狂人の解放治療」の被験者として入院している「私」は今まさに回復に向かおうとしているらしい。そして、「私」が自分にまつわる記憶を取り戻したとき、正木教授の「狂人の解放治療」は完成し、「私」の関わった空前の犯罪事件の真相が明らかになるのだという。その事件の関係者であり「私」を「お兄さま」と呼ぶ隣室の美少女も、「私」が許嫁であること以外は「私」の名前や少女自身の記憶を全て無くしていた。

　正木博士の研究していた精神科学の一部である精神病理学においては、人間の精神状態を何世代か前の祖先の性格と入れ替えるという研究がなされていた。物議《ぶつぎ》を醸《かも》した卒業論文「脳髄論」に始まり、「キチガイ地獄外道祭文《げどうさいもん》」「胎児の夢」「空前絶後の遺言書」などを記した正木博士は「私」にまつわる実験結果の予言を残し、自殺。正木博士の研究室の中で、「私」は「ドグラ・マグラ」と題された一冊の奇妙な本を見つけるのだった。精神病の青年によって一週間で書き上げられたその本には正木博士と若林博士をモデルにした、脳髄の地獄とも言うべき小説が書かれているという。

　次第に明らかになっていく事件の詳細。呉一郎《くれいちろう》という青年が母を、次いで許嫁の少女を殺害したという。母を殺害した事件について、犯人が一郎に麻酔薬を吸わせ眠らせたとする若林博士の主張に対し、正木博士は夢遊《むゆう》状態だった一郎が母を殺害したのだと推理した。はたして「私」は呉一郎なのだろうか。また二人目に殺害されたはずの少女、呉モヨコは隣室の少女なのだろうか……。

Key words

精神病　アンチ・ミステリー

あらすじで読む

少女地獄

「何んでも無い」
臼杵《うすき》医師が姫草ユリ子の自殺を知ったのは、手術に疲れた午後のことだった。嘘の天才ユリ子は入院先の曼陀羅《まんだら》医師を騙《だま》し、死の責任を臼杵医師と白鷹《しらたか》医師に被せようと遺書をしたためていた。
　昭和八年の夏、開業前日の臼杵医師の前に現れた十九歳の天才的な看護師・姫草ユリ子。彼女はまたたくまに患者たちの人気を集め、医院にとっては無くてはならない存在となった。しかし彼女には秘密があった。臼杵医師とその先輩の白鷹医師とをK大の耳鼻科出身者の会である庚戌会《こうぼくかい》にて引き合わせるという些細な約束をきっかけに、ユリ子は嘘を塗り重ねていく。その嘘がほつれたある日のこと。白鷹医師と対面した臼杵医師は全ての事情を悟り、ユリ子を医院から追放した。ユリ子に振り回された臼杵医師と家人は、なぜかユリ子を憎みきれない。そしてユリ子はついた嘘の雁《がん》字搦《じがら》めになり、自ら死を選んでいく。

「殺人リレー」
　女車掌、友成トミ子は恐ろしい殺人事件の秘密を握っていた。それはトミ子の小学校の同級生月川艶子《つやこ》からの手紙。そこに書かれていたのは、男前の運転手新高《にいたか》竜夫を巡る女車掌の連続殺人の噂だった。艶子は手紙を送った後、新高の手に掛かり死亡。今度はトミ子のいる営業所に新高が現れる。目を付けられたトミ子は機転を利かせ……。

「火星の女」
　県立高等女学校の廃屋《あばらや》が深夜発火し、中から黒焦死体が見つかった。死体は二十歳前後の少女で、その身元は不明。新聞記事によって次々状況が明らかになっていく中、女文字の手紙をきっかけに森栖《もりす》校長が失踪、発狂した姿で大阪に現れた。彼が探していた甘川歌枝という少女、「火星さん」と呼ばれた彼女こそが黒焦死体の正体。森栖校長の被害者だった歌枝は恋人・殿宮アイ子を守り、アイ子の父・愛四郎と森栖校長の悪事を明らかにするため、自ら犠牲になることを選んだのだ。

Key words
書簡体　少女

1
min
1分でわかる

夢野久作

夢野久作、本名・杉山泰《よし》道《みち》は一八八九年に福岡県福岡市に生まれた。幼名は直樹。母・ホトリは久作が物心付く前に離縁されたため、久作は祖父母に育てられた。祖父・三郎平は久作に幼い頃から漢文の素読や喜多流の謡曲を教え込み、よくできた時は褒美として煙管《きせる》を吸わせたため、久作は幼い頃からニコチン中毒となる。

一歳のとき父・茂丸が幾茂と再婚。茂丸は家庭を顧みることなく政治活動へ傾倒。一家は困窮し転居を繰り返したが、一八九八年に東京の茂丸に呼び寄せられ共に暮らすこととなる。同年、祖父母が博多へ帰ることを望んだため久作も共に帰郷、大名小学校の尋常科四年に編入した。また、能楽喜多流師範の梅津《うめづ》只《し》圓《えん》に入門して祖父の同門となった久作は、のちには喜多流の謡曲教授。この頃から「十五少年漂流記」などの小説を読み始める。

一九〇三年、かつて福岡藩の藩校だった福岡県立中学修猷館《しゅうゆうかん》に進学、文学や芸術、テニスに夢中になった。十九歳で修猷館を卒業した久作は、茂丸との約束に従って麻布《あざぶ》の近衛歩兵第一連隊の一年志願兵となる。翌年、軍曹《ぐんそう》として満期除隊。福岡に帰った後は茂丸に指示され、福岡市郊外香椎《かしい》村の立花山麓に土地を買った。

一九一一年には慶應義塾大学文学部へ入学したが、一九一三年に中退している。大学中退後は福岡へ帰り、以前購入した土地の杉山農園で奈良原牛之助、黒木

夢野久作

政太郎と共に生活を始めた。しかし、奈良原と黒木との間の軋轢《あつれき》により農園経営を断念、その時期継母・幾茂の周辺に起こった久作の廃嫡《はいちゃく》問題もあり、農園や実家を離れた放浪生活に入ることとなる。

東京の工場街で働いたり日雇い労働に従事したりして過ごしていた久作だったが、一九一四年の末には実家へ帰り、茂丸から杉山家の家督を譲られている。翌年六月には東京の本郷にある曹洞宗の寺喜福寺にて出家し、名前を幼名の直樹から泰道へ改めた。翌年には托鉢《たくはつ》僧雲水として京都・吉野などを放浪。一九一七年、二十八歳で還俗して再び杉山農園に暮らした。杉山農園の暮らしは初めこそ晴耕雨読だったが、次第に晴読雨読へと変わっていったという。

一九一八年、鎌田クラと結婚。同年、茂丸主宰の雑誌『黒白《こくびゃく》』に掲載したエッセイが、杉山萠円《ほうえん》の名で『外人の見たる日本及日本青年』として書籍化された。黒木政太郎が農園の金を使い込んだことに辟易《へきえき》し、一九一九年に茂丸と関係の深い九州日報社に入社。家庭欄に童話を書く。関東大震災が起こった際には家族の安否《あんぴ》を確かめるためにいち早く上京、九州日報の特派員として震災のスケッチや震災後の東京を伝えた。

一九二六年に探偵小説「あやかしの鼓」が雑誌『新青年』に掲載されたことで文壇に姿を現し、「いなか、の、じけん」「瓶詰の地獄」などを発表。

一九三五年には、構想に十年をかけた大作『ドグラ・マグラ』を出版した。その半年後、茂丸が死去。茂丸の身辺整理を終えた翌一九三六年、父・祖父と同じ脳溢血《のういっけつ》で死去した。享年四十七。

↑松柏館書店から一九三五年一月に刊行された、『ドグラ・マグラ』の表紙

ポートマフィア

能力名:檸檬爆弾《レモネード》

Motojiro Kajii

梶井基次郎

Data | 年　齢：28歳　| 身　長：180cm　| 体　重：63kg

隠密《おんみつ》主義のマフィアの中では珍《めずら》しく名前の知られた爆弾魔。異能力は「檸檬爆弾《レモネード》」。爆弾の形状とその能力名から、「爆弾を造る異能力」だと思われがちだが、使用している爆弾は梶井自らが手内職で造ったもの。彼自身の真の異能力は「檸檬《れもん》型爆弾でダメージを受けない」能力であった。科学に執着しており、科学る。「物理学実験」と称して、敦と与謝野の乗る白昼《はくちゅう》の地下鉄の先頭と最後尾に爆弾をしかけ、乗客の命を楯に敦の身柄《みがら》を要求した。死を実験と捉え、丸《まる》善《ぜん》ビル爆破事件で指名手配されている。檸檬型の爆弾を利用して与謝野に先制《せんせい》攻撃をしかけた。科学に執着しており、科学の究極を、実在しながら科学では克服《こくふく》できない「神」と「死」に求めた。死の不可逆性《ふかぎゃくせい》に学術的な興味を持っている。死を研究対象としてしか考えないその姿勢によって、命の大切さを誰よりも知った医者である与謝野を激怒させることになった。

――科学こそ、神の創造せし
この宇宙を理解する唯一の言語だよ

梶井基次郎

→檸檬型の爆弾を操る梶井

Q&A

Q 「檸檬」の主人公はセザンヌ?

A. 小説「檸檬」の主人公はただ「私」として語られ、名前は一切出てこない。しかし「檸檬」が一つの作品となる前には、いくつかの草稿《そうこう》があった。そのうちの一つが瀬山極を主人公とするもの。瀬山極という名の由来は画家のポール・セザンヌで、当時の梶井が用いた筆名でもあった。「瀬山の話」の最初の草稿「小さき良心」が書かれた一九二二年頃、梶井は友人とともに訪れた丸善で、友人を待たせたままセザンヌやゴッホの画集を見るのに没頭《ぼっとう》していたという。元々は語り手と瀬山双方《そうほう》の語りによって瀬山の内面を描いていこうとする作品だったが、構成上の問題があったため、未完《みかん》。この「瀬山の話」と一九二二年に書かれた詩「秘やかな楽しみ」を散文《さんぶん》化《か》した「檸檬」の断片《だんぺん》とが融合《ゆうごう》。一部を独立させて一九二四年、「檸檬」と題して発表した。舞台となった丸善京都本店は二〇〇五年に閉店したが、二〇一五年に復活、店内のカフェでは、檸檬にちなんだメニューを提供している。

Q 病への憧れ?

A. 第三高等学校に通っていた時、梶井は肺病、すなわち結核に憧れていた。同級生と散歩しながら三条大橋にさしかかり、「ああ、肺病になりたい」といって胸を叩き、天を仰いだという。梶井は正岡子規《まさおかしき》や木下利玄《きのしたりげん》について語る中で、文学と肺病との結びつきを見た。皮肉《ひにく》なことには、当時既に肺結核が梶井の体をむしばみ始めていたのだった。梶井や梶井の兄弟たちは肺結核や肺尖《はいせん》カタルなど呼吸器に由来する病気を相次《あいつ》いで発症し、うち梶井を含む三人が死去している。きっかけは祖母・スヱ。彼女は重度の肺結核だったが、家庭の衛生観念《えいせいかんねん》は低く、子どもたちはよく祖母の部屋に出入りしていたという。体が大きく頑丈《がんじょう》だった梶井も結核に敵《かな》うことなくこの世を去ったが、彼の文学だけは後世に残ったのである。

↑対与謝野戦では容赦なく痛めつけられ、戦意を喪失した

あらすじで読む

檸檬

「得体の知れない不吉な塊《かたまり》」に精神を圧迫された「私」は、街をさまよい歩いていた。その頃「私」のひきつけられたのは、みすぼらしくて美しいもの——たとえば植物ばかりが元気な壊れかかった街だった。京都の街にいながら、そこに別の市を二重写しにして、「私」は街を歩く。そして花火を好きになり、びいどろのおはじきや南京玉《なんきんだま》に心ひかれた。「私」には金が無かった。しかし、必要なのは心を慰める贅沢《ぜいたく》だった。実際にしているのは友達の下宿《げしゅく》を渡り歩くことだけ。しかも、友達が学校に行ってしまった後は焦燥感《しょうそうかん》に駆《か》られて彷徨《さまよ》い出なければならなかった。そうして寺町通りへたどり着くと、そこには見知った果物屋があった。その果物屋は果物屋らしく美しく、とりわけ夜は賑《にぎ》わう街の中でその周囲だけが暗いので、明かりの灯《とも》った果物屋は浮かび上がるように光るのだった。ある日、「私」は果物屋で檸檬を一つ買った。たったそれだけで憂鬱《ゆううつ》は吹き飛び、幸福を感じた。微熱《びねつ》の続いていた体に掌《てのひら》から染《し》み通る冷たさが心地よい。「私」は檸檬の香りをいっぱいに嗅《か》ぎ、その重さがすべての美しいものを重量に換《かん》算《さん》した重さであると夢想《むそう》した。そしていつの間にか、避けていた丸善の前に「私」はいた。

　幸福に満たされたまま丸善へと足を踏み入れると、段々に、幸福な感情は逃げていった。憂鬱《ゆううつ》に襲われる中、画集を一冊抜き出してはめくり、次の一冊を抜き出しては重ねる。かつては自分をひきつけてやまなかったものを眺《なが》めていた「私」は不意に天啓《てんけい》を受ける。そして再び様々な画集を手当たり次第に積み上げ、出来あがった城壁の仕上げに、頂上へ檸檬を据《す》え付けた。続いて浮かんだ思いつきに従い、くすぐったい気持ちを抱えて「私」は丸善を後にした。黄金色の爆弾が丸善を木っ端《こっぱ》みじんにするさまを想像しながら。

Key words

自己の内面　デカダンス

1 min 1分でわかる

梶井基次郎

梶井基次郎

梶井基次郎は一九〇一年、大阪市西区土佐堀通で生まれた。父・宗太郎と母・ヒサの第三子だったが、同年に異母弟・順三も生まれる。父の宗太郎は安田運搬所に勤めていたが放蕩癖《ほうとうへき》を持っており、母のヒサは保育所の勤め人だった。

一九〇七年に江戸堀尋常小学校入学。三年生のとき父が東京へ転勤となり、上京して東京市芝区に住んだ。しかし宗太郎は家族だけでなく順三を産んだ磯村ふくなども呼び寄せ、家に給料も入れなかった。十歳の時父が再び転勤し、三重県志摩《しま》郡へと転居する。東京では大阪から来たことをからかわれていた基次郎だったが、一転して重役の子として扱われるようになる。成績も優秀だった。この時期に祖母のスエが肺結核で亡くなった。この後、基次郎と兄弟たちも結核に罹《かか》っていくこととなる。十六歳の時点で肺結核の兆候《ちょうこう》は有り、翌年には学校を長期欠席した。

一九一九年に第三高等学校入学。この年、谷崎潤一郎を読み始める。しかし翌年から欠席が多くなり、毎日のように酒を飲み歩いた結果落第。その後一度は考えを改めるも、二十一歳の時には再び夜遊びが増えた。そのころ創作活動を始める。一九二五年に雑誌『青空』を発刊。創刊号には「檸檬」を掲載したが反応はなかった。その後も『青空』へは「城のある町にて」「Kの昇天」などを載せた。一九三〇年に川端康成《かわばたやすなり》から「愛撫《あいぶ》」を評価され、翌年に創作集『檸檬』が刊行される。しかし肺結核は進行していくばかりだった。

一九三二年、闘病《とうびょう》の末に死去。

↑一九一九年頃の梶井基次郎
©文藝春秋 /amanaimages

ポートマフィア

Ichiyo Higuchi

樋口一葉

Data｜年　齢：不明　｜身　長：159cm　｜体　重：不明

——ポートマフィアを抜けるのは、
容易ではないが不可能ではない。
それでも私がそうしなかったのは……

探偵社へ訪れた依頼人の正体は、ポートマフィアだった。芥川の命を受けて敦・谷崎・ナオミを路地裏に誘い出した樋口は、服に仕掛けられた盗聴器によって太宰を呼び寄せ、結果的に芥川と太宰を引き合わせることとなった。敦を捕らえることに失敗した原因が護衛役《ごえいやく》の探偵社にあると考え、敦から探偵社を抜けると知らされた直後、自身の指揮する武闘組織「黒蜥蜴《くろとかげ》」に探偵社の殲滅《せんめつ》を命じた。異能力は持たず、主要な武器として二丁のサブマシンガンを使う。己がマフィアに向いているとは思っていない。芥川と同じく首領《ボス》直轄《ちょっかつ》の遊撃隊《ゆうげきたい》に所属しており武闘派組を動かす権限を持つが、部下からは敬意を払われず、芥川からも部下として信頼されていなかった。敦との戦闘に敗《やぶ》れて負傷した芥川が「カルマ・トランジット」の残党に攫われた際は立原《たちはら》の制止を振り切って単身での救出に向かった。芥川を先輩として慕《した》い、深く尊敬している。

Q＆A

↑芥川を奪還するべく一人で敵のアジトへ向かった樋口は、危機一髪のところを「黒蜥蜴」に助けられた

樋口一葉

Q 作家・一葉ははずれだった……？

A．一八八六年、進学を諦めた一葉は、小石川にあった中島歌子《なかじまうたこ》の歌塾「萩《はぎ》の舎《や》」に入塾した。当時の萩の舎は全盛期、華族《かぞく》の令嬢《れいじょう》や婦人が多く通う塾だった。そんな中、一葉の両親の身分は士族、家柄の格や経済状況は彼女たちとまるで違っていた。一葉は身分の全く違う華族に囲まれながら、自分は「平民」であるという自覚を持ちつつ過ごしていく。萩の舎の中で文才を発揮《はっき》していた一八九二年、萩の舎には一葉をめぐるある噂がたっていた。一葉と、一葉が小説を師事していた半井桃水《なからいとうすい》にまつわる噂がスキャンダルとして広まっていたのだ。自分が孤立《こりつ》していると知った一葉は、中島歌子の勧告に従って桃水との離別《りべつ》を選択する。このことで、一葉は再び萩の舎の仲間たちに受けいれられていった。

Q 一葉あこがれの先輩？

A．一八八八年の六月、三宅花《みやけか》圃《ほ》（田辺龍子）の『藪《やぶ》の鶯《うぐいす》』が出版された。花圃は一葉の四つ上、萩の舎の先輩であり、小説で身を立てようと決意していた一葉より早く文壇に認められた才媛《さいえん》だった。一葉は日記「筆すさび」の中で花圃の才能を褒《ほ》め称《たた》えつつも、実際は密《ひそ》かにライバル視していたらしい。しかし一葉が桃水と決別《けつべつ》した後に作品発表の場を求めて助力を仰《あお》いだのも花圃だった。頼みを受けて花圃は出版社の金港堂に一葉を推薦、「うもれ木」が雑誌『都の花』に連載されることになる。連載初回には花圃が一葉の紹介文「一葉女史」を添《そ》えた。一葉以上に文壇から評価を受けていた花圃だったが、結婚を機に作家活動からは遠ざかっていき、才能の開花した一葉と競い合うことはなかったのである。

→萩の舎の発会記念に鈴木真一写真館で撮られた一枚。二列目左から四人目　三宅花圃、中島歌子。三列目左から二人目　藤浦その子、樋口一葉、伊東夏子（撮影：鈴木真一（二代））

あらすじで読む

たけくらべ

入谷《いりや》の近くにある育英舎に龍華寺の息子、藤本信如《のぶゆき》は通っていた。地域の子どもたちは長吉率いる横町と正太郎率いる表町とに分かれて対立していた。千束《せんぞく》神社の祭りが近づく中、長吉が泣きつくのに折れた信如は横町組の味方につくことを約束する。

正太郎の遊び友達には大黒屋の美登利《みどり》という少女がいた。美登利は全盛の遊女《ゆうじょ》を姉に持って羽振《はぶ》りがよく、子どもたちの女王として振る舞っていた。しかし、祭りの日に正太郎と美登利が開いた幻燈の会に乱入してきたのは長吉。横町に住みながら表町の子どもと仲良くする三五郎をよってたかって殴った上、止めに入った美登利の額《ひたい》に泥草《どろぞう》履《り》を投げつけ侮辱《ぶじょく》する。そして、横町の味方には信如がいると告げるのだった。

信如と美登利とは育英舎の同級生。春の運動会の時、転んだ信如に美登利がハンカチを差し出したのをからかわれて以来、信如は美登利を避けていた。美登利もよそよそしい信如の様子が気に障り、祭りの一件では更に憤《いきどお》りを募《つの》らせた。

祭りの当日使いに出され家を離れていた信如は、翌日争いの経緯を知った。驚き迷惑だと感じながらも今更長吉を見捨てることはできない。そんなある雨の日、大黒屋の前で信如の鼻緒《はなお》が切れてしまった。困り人を助けようと端切《はぎ》れを持って外に出た美登利は、信如だと知るやいなや顔を赤くして隠れてしまう。痺《しび》れを切らして友禅《ゆうぜん》の端切れを投げ入れるものの、信如は見て見ぬ振りをする。美登利が去った後、信如は美しい友禅が雨に濡れるのを物憂く眺め、通りかかった長吉に下駄《げた》を借りるのだった。

島田髷《まげ》を結った日を境として美登利は見違えるように変わった。かつてのお転婆《てんば》は鳴りを潜《ひそ》め、今までのように友達とも遊ばなくなっていた。ある霜《しも》の降る日、格子門に差し入れられていた造花《ぞうか》の水仙《すいせん》に美登利は懐かしさを覚える。その日は信如が僧侶《そうりょ》の学校へ入る日だった。

Key words

吉原　子どもの心理

1 min

1分でわかる

樋口一葉

樋口一葉、本名・樋口奈津《なつ》は一八七二年、東京府庁に勤めていた父・則義、母・たきの第五子として生まれた。一葉が三歳のとき東京府の士族となった父は一八八三年、存命のうちに長男・泉太郎へ家督《かとく》を譲った。当時十一歳だった一葉は青海《せいかい》学校の小学高等科四級を首席で卒業したものの進学は許されず、それ以降も学校に通うことはなかった。一八八六年、和歌や習字などを教えていた中島歌子の萩の舎へ入塾。この時の一葉は文字を書くことすらおぼつかなかったという。一八八七年に兄・泉太郎が肺結核のため死亡。父後見のもと一葉が家を継ぐことになる。一八八九年父が病気で亡くなった。婚約者だった渋谷三郎との行き違いにより婚約解消。小説の指導を仰ぐため半井桃水のもとを訪ねたのは十九歳の時。同じ年に「一葉」という筆名を定めた。桃水は一葉のために尽力《じんりょく》して雑誌『武蔵野《むさしの》』を刊行し、創刊号に「闇桜《やみざくら》」が掲載された。

一八九三年一葉は長期のスランプに陥《おちい》った。原稿の依頼を受けることができなくなったため一葉の原稿料で保っていた家計は苦しくなり、龍泉寺町で商売を始めることになった。店は吉原《よしわら》へ向かうための道に面したいわゆる悪所にあったが、この経験は後の「にごりえ」などに繋がっていく。一八九四年には店を閉めて本郷へ転居。翌年には文壇の寵児《ちょうじ》となり、一八九六年四月には森鷗外から絶賛された。しかし結核の病状芳《かんば》しくなく、同年十一月に死去した。

一葉の師であった半井桃水

ポートマフィア

能力名：落椿《オチツバキ》

Ryuro Hirotsu

広津柳浪

Data｜年　齢：50歳　｜身　長：178cm　｜体　重：66kg

――やはり、仕事終わりの一服《いっぷく》は格別だな

ポートマフィアの武闘派の中でも凶暴な実働部隊「黒蜥蜴《くろとかげ》」の百人長であり、右眼にモノクルをはめ、蝶《ちょう》ネクタイを締めた洒落《しゃれ》者の老紳士。異能力は、指先で触れたものを反発しあう力・斥《せき》力《りょく》によって弾《はじ》き飛ばす「落椿《オチツバキ》」。多くの部下を率いる百人長でありながら現場の指揮を執《と》るだけでなく、積極的に戦闘にも参加している。しかし、マフィアの荷《に》を横流ししていたグループの倉庫を一瞬で制圧するほどの実力を持つ「黒蜥蜴」も、探偵社に対しては全く歯が立たなかった。広津自身も国木田に敗北している。

上司にあたる芥川にはただ部下であるがために従っているのではなく、その力に対して畏怖《いふ》と崇敬《すうけい》を持って仕える。芥川が怪《け》我《が》をしている間、芥川に代わって「黒蜥蜴」へ指示を出そうとする樋口に対し、「貴女に我らが従いたいと思わせる何かが有るか？」と問いかけた。攫《さら》われた芥川を単身奪還《たんしんだっかん》しようとする樋口の思いを受け止め、上司と認めた。

Q & A

→広津の異能力・「落椿」は指先で触れたものを弾き飛ばす

広津柳浪

泉鏡花の変わった先輩？

A．一八八九年から柳浪が参加するようになった硯友社《けんゆうしゃ》は一八八五年に尾崎紅葉《おざきこうよう》・山田美妙《やまだびみょう》らによって発足した文学結社だった。柳浪が同人となった当時、柳浪は二十八歳、紅葉は二十一歳。他の参加者と比べて柳浪は年上だった上に作風も異なる異色の存在だった。当時、泉鏡花をはじめとする紅葉の門下生は「紅葉門下の梁山泊《りょうざんぱく》」と呼ばれた紅葉邸内の住居に暮らしていたが、柳浪は紅葉宅にほど近い貸家に家族と住んでいた。この家には紅葉やその門下生が度々訪れていたが、とりわけ鏡花はよく柳浪の家を訪問し、子どもたちの相手をすることもあったという。柳浪が新しく切り開いた深刻小説・悲惨小説といった文学の傾向は鏡花や川上《かわかみ》眉山《びざん》の観念《かんねん》小説と並んで話題となり、樋口一葉にも影響を与えた。

息子の友人は芥川龍之介？

A．後に小説家となった柳浪の次男・広津和郎《かずお》は、一八九一年生まれ。芥川龍之介より一つ年上だった。二人は相知りながらも親しい友人という程の付き合いではなかったが、芥川が義兄の放火騒ぎによって憔悴《しょうすい》しきっていた一九二七年、前年に芥川が発表した「点鬼簿《てんきぼ》」を擁護《ようご》した和郎に感謝の葉書を渡している。同じ年には共通の友人・宇野浩二《うのこうじ》の入院に際し、二人は青山病院で数ヶ月ぶりの再会を果たす。芥川も和郎と同様に宇野の病を知り、斎藤茂吉《さいとうもきち》に診察してもらおうと考えていたのだった。その時芥川は自殺に用いた睡眠薬、ヴェロナールを持ち歩いていたという。宇野の入院した日が、二人の最後の交流の時であった。

→一九五〇から一九五一年頃に東京日本橋通を歩く広津和郎（左）と宇野浩二（右）

あらすじで読む

黒蜥蜴

人好きのする風貌《ふうぼう》をした大工、与太郎《よたろう》が出産する妻のため助産師に話をつけて長屋《ながや》に帰ってきたのを、隣家の老婆が呼び止めた。老婆は陣痛《じんつう》に苦しむ与太郎の妻・お都賀《つが》に付き添っていたものの、舅《しゅうと》・吉五郎の執拗《しつよう》な暴言《ぼうげん》に耐《た》えかねたという。与太郎やお都賀に辛く当たる吉五郎は与太郎の養父だった。養子の与太郎を養母は心底《しんそこ》可愛がっていたが、吉五郎は与太郎に愛着を持たず、養母亡き後は酒ばかりを無心して家計を圧迫していた。そんな養父に対しても与太郎が恩を忘れることはなく、酒が足りなくならないよう懸命に働いているのだった。

ある時棟梁《とうりょう》が持ちかけてきた縁談によって、与太郎は器量《きりょう》の良い妻を娶《めと》り仲むつまじい夫婦となった。しかし、妻が吉五郎に耐えられず離縁してしまう。縁談のたびに同じことが繰り返され、とうとう七人目のお都賀になった。お都賀は決して容貌《ようぼう》の美しい女性ではなかったものの気立てがよく、優しい与太郎との間に子を授《さず》かることにもなった。元々お都賀の容貌や性格を日ごと罵《ののし》っていた吉五郎は、家族が増えることによって酒代が減ることを恐れ、夫婦へ更に辛く当たる。そうして吉五郎の起こした癇癪《かんしゃく》は生まれた赤子のお食《く》い初め椀《わん》を投げ、赤子に当てるという事件を起こすに至った。憔悴《しょうすい》したお都賀を慰めるのは、やはり隣家の老婆だった。老婆が戯《たわむ》れに唄ったはやり唄「亭主投げるにゃ、何の手が好かろ、青い蜥蜴《とかげ》に蠅虎《はえとりぐも》まぜて」。数日後、お都賀は老婆へ唄は嘘だったと話した。冗談として受け止めた老婆は、青蜥蜴でだめなら黒蜥蜴を食べさせればいい、それでも吉五郎は死なないだろうと笑う。

ある夜、十二時過ぎに帰宅した与太郎は家の静けさに驚いた。胸騒ぎに扉を開けたその先には、血を吐いて事切れた吉五郎の姿。家に残された手紙からお都賀のしたことを知った与太郎は、翌日水死したお都賀と対面する。息子とともに二日連続の葬儀をおこなった与太郎に、同情しないものはなかった。

Key words

深刻小説　悲惨小説　はやり唄

1 min
1分でわかる
広津柳浪

広津柳浪、本名・直人は、一八六一年肥前国（現・長崎県）の材木町で生まれた。幼名は金次郎。父・俊蔵が医者をする傍《かたわ》ら外務省の官吏《かんり》として朝鮮に渡っていた関係で、柳浪十三歳の時には外務省の嘱託《しょくたく》となって東京の麹町《こうじまち》に住むことになった。幼い柳浪は兄弟とともに漢学を学んで学業優秀だった反面、人一倍の腕白《わんぱく》だった。東京に移り住んで名前を直人に改めた後も小学校の成績は常に首席だったが、腕白ぶりは変わらず、水の入った茶碗を持って廊下に立たされることさえあったという。一八七七年に東京大学医学部予備門に入学。しかし親の期待に反して柳浪本人に医者になろうという意思はなく、大阪の五代友厚《ごだいともあつ》に見込まれて大阪で書生《しょせい》をすることになる。それも上手くいかず、五代の紹介で農商務省の官吏《かんり》になった。二十二歳だった一八八三年、両親が相次いで亡くなる。その後、花柳通いなどで遊蕩《ゆうとう》を尽くしたあげく借金がかさみ、農商務省も免職となって貧窮《ひんきゅう》に陥った。放浪《ほうろう》生活を送っていた柳浪だったが、二十六歳になって友人たちの助けにより文筆業をおこなうようになる。同年「女子参政蜃中楼」を『東京絵入新聞』上に連載。好評を博した。翌年には尾崎紅葉と知り合い、更に翌年には硯友社の同人となった。その後主観的な文章を脱却して客観描写へと作風を転換、「変目伝《へめでん》」「黒蜥蜴」で深刻小説・悲惨小説の旗手となる。門下生には永井荷風《ながいかふう》など。次第に厭世《えんせい》的となって創作意欲も衰え、一九二八年、心臓麻痺《まひ》により死去。六十七歳だった。

一九〇六年、硯友社同人と。前列右から久我亀石、武内桂舟、岡田虚心亭、広津柳浪、巌谷小波、後列右から江見水蔭、石橋思案、川上眉山

ポートマフィア

Michizo Tachihara

立原道造

Data | 年　齢：不明 | 身　長：176cm | 体　重：不明

――だがアンタ一人如《ごと》きで何ができるんだ？

マフィアの武闘派組織、「黒《くろ》蜥蜴《とかげ》」十人長。鼻の頭に絆創膏《ばんそうこう》を貼り両耳にピアスを開けた、柄《がら》の悪いチンピラ風の青年。広津柳浪のことを「ジィさん」、同じく十人長である銀のことを「陰気《いんき》くさい銀の野郎」と呼ぶなど口が悪い。異能力は有さず、主な武器は自動式拳銃《けんじゅう》。樋口の命《めい》を受けて広津・銀とともに武装探偵社へ乗り込んだものの、賢治の怪力にあっけなく敗れ、結局窓から投げ捨てられてしまった。樋口のことを「姐《ねえ》さん」と呼ぶ。上司としての樋口を信頼しておらず、上からの命による暗殺の可能性を仄《ほの》めかして警告した。しかし、芥川を奪還すべく個人で動こうとする樋口に対し、首領からの奪還作戦を待って行動するよう説得を試《こころ》みていることから、反発するだけでなくその身を案じている様子も見られる。

Q&A

→鼻の絆創膏がトレードマークだ

Q 中原中也との決別？

A. 中原中也は立原の七つ年上であり、立原よりも二年早く亡くなった。彼らは季刊誌の『四季』に詩を掲載する同人であった一方、作風は異なっていた。交流も少なかったが、第一回『四季』の集まりのとき、酔った中也は立原をしきりに「やい、ガボリイ」（ドイツのロマン派詩人）と呼んで絡み、大人しい立原を驚かせた。立原は病に冒《おか》されながらも中也の告別式に出席。そして一九三八年の『四季』八月号において、「別離」と題する中原中也論を展開した。そこで立原は中也のことを「孤独な魂は告白もしなかった」と評し、「汚れつちまつた悲しみに……」を「詩」であるが「対話」ではないとして、「僕ははつきりと中原中也に別離する」と宣言した。立原にとって、詩は「魂の告白」である必要があったのである。しかしながら、中也の死後設立された中原中也賞の第一回受賞者は立原だった。立原はそれを病床《びょうしょう》で知り喜んだが、授賞式まで体が保つことはなかった。

Q 大学時代のあだ名は“にんじん”？

A. 立原が東京帝国大学の建築学科に通っていたころ、長身痩《そう》躯《く》の彼には「にんじん」というあだ名がついていた。立原自身そのあだ名を気に入っていたという。名前の由来はジュール・ルナールが一八九四年に発表した小説『にんじん』の主人公フランソワ・ルピック。彼はそばかすだらけの顔と赤毛によって「にんじん」と呼ばれる多感《たかん》な少年であり、大人しい性格でありながら、卒業年の辰野賞《たつのしょう》を受ける際に銀牌《ぎんぱい》ではなく銅牌《どうはい》だったことへ不満を感じて教授に直談判《じかだんぱん》した立原と相通じる所があった。一九三二年にはジュリアン・デュヴィヴィエ監督によって映画化されており、立原が大学へ入学した一九三四年には日本でも公開されて好評を博していた。

↑一九三七年、日本橋（現在の中央区）の自宅で（撮影：伊達嶺雄）

原文で読む

優しき歌

X　夢みたものは……

夢みたものは　ひとつの幸福
ねがつたものは　ひとつの愛
山なみのあちらにも　しづかな村がある
明るい日曜日の　青い空がある

日傘をさした　田舎の娘らが
着かざつて　唄をうたつてゐる
大きなまるい輪をかいて
田舎の娘らが　踊ををどつてゐる

告げて　うたつてゐるのは
青い翼の一羽の　小鳥
低い枝で　うたつてゐる

夢みたものは　ひとつの愛
ねがつたものは　ひとつの幸福
それらはすべてここに　ある　と

「夢みたものは……」は詩集『優しき歌』の最後に収められている。『優しき歌』では、詩集全体の主題である「愛」が始まり、途中に愛の相手を「だれでもないひと」だと思う中で「私の名を呼んで」いる人へ応えることもない。「おまへ」と「私」のこころが分からなくなった後に訪れた秋、二人は愛を確かめるため別離に耐えようとする。そして離れている間に愛を確信し、「私のをかしたあやまちといつはり」を思い起こしつつ孤独を知り、その先にやっと手に入れたひとつの愛。「夢みたもの」すなわち「ひとつの愛」が満たされる喜びが高らかに歌われている。

第三詩集『優しき歌』は、過去を振り返り未来に対する薄暗い予感を告げていたそれまでの詩集とは異なり、現在進行している愛を歌いながら明るい未来を指向している。『優しき歌』執筆の当時、立原は愛だけでなく、病も抱えていた。立原は現実にある不安を観念的な詩で乗り越えようと試みた。

Key words

ソネット　愛

1 min 1分でわかる

立原道造

立原道造

立原道造は一九一四年、東京市日本橋の下町に生まれた。父・貞治郎、母・トメはいとこ同士であり、立原という名字は母方のものだった。五歳の時、父が亡くなり形式上家督を相続した。実家は立川屋という屋号で木箱製造をおこなっていたが、店名を立原道造商店と改称。一九二二年に久松尋常小学校に入学、成績は抜群《ばつぐん》で在学中首席を通した。一九二三年に起こった関東大震災では自宅が焼け、一時避難している。一九二七年に東京府立第三中学校に入学した。同年、同じ中学出身の先輩・芥川龍之介の自殺に衝撃を受ける。校内雑誌『學友会誌』に戯曲《ぎきょく》や短歌を発表。パステル画も描いており、十六歳のときには『學友会誌』の表紙を担当している。一九三一年に第一高等学校理科甲類に入学した。一高短歌会の会員となる。『校友会雑誌』に「あひみてののちの」が掲載されたことにより、一高の文壇に名を知られるようになった。一九三四年には東京帝国大学工学部建築学科に入学。在学中は毎年優秀作品に与えられる辰野賞を受賞した。この年から毎夏、信濃追分《しなのおいわけ》に滞在。第二次『四季』の同人となり、詩を発表した。徐々《じょじょ》に十四行詩（ソネット）を作るようになる。一九三七年に第一詩集『萱草《わすれぐさ》に寄す』を自費出版。大学の卒業後は建築事務所に入社したが、翌年肺尖カタルのため休職、冬には喀血《かっけつ》した。更に翌年、第一回中原中也賞の受賞が決まった。三月になって病状が急変し、二十四歳で死去した。

↑建築家としても将来を嘱望された立原道造による建築スケッチをもとに、二〇〇四年、有志により埼玉県別所沼公園内にヒアシンスハウスが建設された

ポートマフィア

Ogai Mori

森鴎外

能力名：ヰタ・セクスアリス

Data｜年　齢：不明　｜身　長：175cm　｜体　重：不明

——どんな困難な戦局でも必ず理論的な最適解は有る

一見するとくたびれた中年の町医者だが、その正体はポートマフィアの首領《ボス》。いなくなったエリスを捜している途中、敦・谷崎とともにルーシー・Mの異空間へ閉じ込められた。異能力「ヰタ・セクスアリス」の詳細は不明。対ルーシー戦では戦闘にこそ参加しなかったものの、敵意を向けられた際はルーシーだけでなくアンをも動けなくするほどの殺気《さっき》を放った。マフィアへ送られた組合《ギルド》の刺客《しかく》の死体を前に、戦局の最適解を求め、組合や探偵社といった敵対者を徹底的に潰して殺すと宣言した。一方、ルーシーの異空間から逃げ出そうとした敦を止めたり、「どんな困難な戦局でも必ず理論的な最適解は有る」とアドバイスしたりと行動には謎が多い。「エリスちゃん」と呼ぶ毒舌家《どくぜつか》の美少女エリスと行動を共にし、目に入れても痛くないほど可愛がっている。彼女からの呼び名は「リンタロウ」。

→「町医者」と名乗る鷗外はポートマフィアの首領だった

森鷗外

Q&A

Q 鷗外とエリスの関係は？

A.「エリス」とは森鷗外の小説「舞姫」に登場する女性の名。ベルリンに留学していた太田豊太《おおたとよた》郎《ろう》は一人の少女エリスと出会い恋に落ちたが、豊太郎は日本へ帰ることになり、二人は悲しみのうちに別れていく。この小説が発表された一八九〇年より遡《さかのぼ》ること二年の一八八八年九月八日、鷗外は四年に渡るドイツ留学から帰国した。ところが、その四日後の十二日、同じ横浜港へ降り立ったのはドイツ人女性エリーゼ。彼女の来日目的は鷗外に会うことだった。エリーゼはその後築地《つきじ》に滞在《たいざい》するも、陸軍周辺の人々によって内々に説得されて十七日、帰国することになる。日本国内でエリーゼと鷗外が相対することはなかったという。このスキャンダルに驚いた森家は親族会議を開き、鷗外の結婚を急がせることになった。

Q 死ぬまで武士？

A.鷗外の実家は藩主《はんしゅ》の典医《てんい》を務める旧家で、その娘だった母は武士の娘として厳格《げんかく》に振る舞った。特に長男として生まれた鷗外は家の期待を背負《せお》うことになり、厳しくしつけられた。鷗外は医者になることより留学を望んでいたが聞き入れられず、鷗外の父経由で陸軍省に推薦され、手続きがとられてしまう。逆らうことはできなかった。鷗外は自分が軍人であるという意識を強く持ち、陸軍省に入省して以降はそれまでの和服ではなく、外出時には必ず軍服を着用した。また、晩年病床にあった鷗外を永井荷風《ながいかふう》が訪ねていったとき、迎えた鷗外は袴《はかま》をはいて腰を両手で支えて仰向けに寝ていたという。起き上がれないほどの病状であっても、客人を迎えるに礼をもってなそうとする鷗外だった。しかし最後の最後、遺言においては葬《ほうむ》る際いっさいの肩書きを外した「森林太郎」とするよう親友・賀古鶴所《かこつるど》に頼んでいる。武士、軍人として生きた鷗外は、死後になってやっと、たった一人の人間になれたのだ。

↑エリスは鷗外を「リンタロウ」と呼ぶ

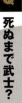

あらすじで読む

舞姫

石炭を積み上げて日本へ帰ろうとする船の中に太田豊太郎はいた。五年前、かねてからの望みが叶《かな》い洋行《ようこう》を果たした彼は、ドイツで学んだ学問とは別の理由で「ニル・アドミラリイ」の境地《きょうち》を得ていた。

幼い頃から厳しくしつけられた豊太郎は父を早くに亡くしながらも母を支え、とある省に入省した後は洋行して学ぶよう命じられてベルリンへと派遣された。ウンテル・デン・リンデンを中心としたベルリンの街は漠然《ばくぜん》とした出世欲を持って海を渡った豊太郎の眼を驚かせる。三年あまりが瞬《またた》く間に過ぎる中、豊太郎は、法律や政治よりも歴史や文学へ関心を寄せる自分に気付きながらも、一歩踏み出す勇気は持てずにいた。

ある日の夕暮れ時、豊太郎はウンテル・デン・リンデンを過ぎてクロステル港にある古い寺の前を通り過ぎようとしていた。そこにいたのは、淡い黄金色の髪、憂《うれ》いを含んだ青い眼をして声を殺しながら泣く十六・七の少女。彼女は豊太郎に言った。「我を救ひ玉へ、君」。その日を境に豊太郎と劇場の舞姫エリスとは清い交際を重ねることになる。エリスを愛する心は燃え上がり、帰国の日が近づいてもとても離れられそうにはなかった。豊太郎は官吏を辞し、友人・相澤謙吉《あいざわけんきち》の助けによって新聞社の通信員となる。エリスとの楽しい生活を続けながらも、長いこと続けてきた学問は荒《すさ》んでいく。そんな中、相澤の取りなしにより豊太郎は天方大臣と面会、力を貸すようになる。信用を得るためにエリスと別れるよう相澤は強く勧め、とうとう豊太郎も新年に大臣とともに帰国することを承諾《しょうだく》する。しかし、身ごもったエリスには伝えられずにいた。出立《しゅったつ》の前夜、その心労がもとで倒れた豊太郎は数週間のちに知る、相澤に真実を告げられたエリスがパラノイアという病に罹《かか》り、回復の見込みがないことを。豊太郎は恩人である相澤が同時にエリスの心を殺したことについて、一抹《いちまつ》の憎しみを抱くのだった。

Key words

近代的自我　近代エリート

あらすじで読む

雁《がん》

明治十三年、医大生だった「僕」は東京大学の真向かいにある下宿屋・上条に住んでいた。隣人は岡田という美男子、品行方正《ひんこうほうせい》で信頼の置ける人間として一目置かれる存在だった。古本屋で見つけた「金瓶梅《きんぺいばい》」を購入した「僕」は、同じ本を読みたがっていた岡田に貸すことを約束し、互いの部屋を行き来するようになる。

岡田の散歩道にある無縁坂には一人の女性が住んでいた。名前も素性《すじょう》も知れないその女性は岡田が通るのを待っており、岡田も帽子を脱いで礼を返すようになっていった。その女性はお玉といって、高利貸《こうりが》しの末造《すえぞう》が囲う妾《めかけ》であった。かつて妻《さい》帯《たい》した警官に騙《だま》されて以来、父一人子一人で生きてきたものを、末造が口説き落として無縁坂へ住まわせていたのである。美しいお玉がきっかけとなり、末造と妻との関係は次第に悪化していったが、お玉が可愛くてならない末造は可愛らしい紅《べに》雀《すずめ》をお玉に買い与えた。ある時、岡田がいつも通り散歩をしているとお玉の家の周りが妙に騒がしい。近づいてみると、格子窓《こうしまど》の上に吊《つる》してある鳥《とり》籠《かご》を青大将《あおだいしょう》が襲っていた。お玉に助けを乞《こ》われた岡田は蛇《へび》を両断《りょうだん》して退治《たいじ》し、仕事が終わると去っていった。この出来事をきっかけに岡田へ強くひかれるようになるお玉だった。とみに美しさを増したお玉のもとへ足繁く通う末造だったが、千葉へ行く用事のため帰りの遅くなる日があった。お玉はその日を好機と定め、岡田との関係を進展させようと目論《もくろ》む。下宿屋のまかないが鯖《さば》の味噌煮《みそに》だったため、「僕」は岡田と連れだって散歩に繰り出し、知り合いの石田と出会った。不忍池《しのばずのいけ》で休む雁《がん》に石が届くかと言われた岡田は外すつもりで石を投げたが、不運な雁に当たってしまう。その雁を隠しながら無縁坂を通る三人は、お玉が通りへ出ているのを見つける。「僕」はその瞳に無限の名残惜《なごりお》しさを見るのだった。奇《く》しくもその日は岡田が洋行のため学校を離れる前日だった。

Key words

偶然　近代と前近代

1 min
1分でわかる
森鷗外

鷗外、本名・林太郎は一八六二年石見国《いわみのくに》津和野《つわの》(現・島根県鹿足郡《かのあしぐん》津和野町)に森家の長男として生まれた。森家は代々、津和野藩の藩主・亀井家の内科医を務める家系で、一人娘だった母・峰子の所に父・静男が婿《むこ》に入っていた。理に厳しいのは母の方、子どもを甘やかすのは父の方だったという。十歳の時、上京する藩主に従う父とともに上京した。二年後に第一大学区医学校予科に入学。この時鷗外は十二歳、まだ入学の規定年齢に達していなかったため、願書の出生年を一八六〇年と偽《いつわ》った。一八七七年には東京大学医学部の本科生となる。十九歳で本科を卒業したが、卒業試験のただなかに下宿先の上条が火事になる、肋膜炎《ろくまくえん》を発症するなどの経緯で卒業時の席次《せきじ》は八番。これは、鷗外の希望する官《かん》費《ぴ》留学のため必要な一番もしくは二番の成績には遠く及ばなかった。陸軍軍医副として陸軍病院に勤務することになった後も鷗外は留学への志《こころざし》を諦めることはなく、一八八四年、とうとう陸軍の衛生学を調査・研究するため、ドイツへ留学することとなる。当時のドイツはヴィルヘルム一世が統治《とうち》し、ビスマルクが宰相《さいしょう》を務めていた。

留学から帰国した一八八八年、鷗外を追ってドイツ人女性のエリーゼが来日したが、翌年西周《にしあまね》が媒酌人となり登志子《としこ》と結婚。登志子とは長男の於菟《おと》が生まれてすぐ離婚している。留学先で先進的な医療を学んだ鷗外は日

↑一九一三年二月一六日、半身塑像製作のためのモデルとして、製作者の武石弘三郎のアトリエへ出向いた時に撮影された一枚

森鷗外

本の保守的な医学界に反発したが孤立、同時に翻訳詩集『於母《おも》影《かげ》』を発表し文学に着手した。一八九〇年にはドイツ留学経験をもとにした処女小説「舞姫」を発表。

　一八九九年、三十七歳の鷗外は九州の小倉へ下った。医務局の上層部に睨《にら》まれていた鷗外に対する事実上の左遷《させん》である。憤《いきどお》った鷗外は陸軍省を辞任することすら考えた。結局三年近くを小倉で過ごし、一九〇二年には二人目の妻・志げと再婚した後、第一師団軍医部長に任ぜられ東京へ戻っている。鷗外は軍医として日清戦争・日露戦争の両方に従軍した。第二軍軍医部長だった日露戦争においては陸軍に大勢の脚気《かっけ》患者が現れ、死亡した。この責任を鷗外に求める説もある。四十五歳で陸軍軍医のトップである陸軍軍医総監《そうかん》となり、五十四歳で辞任するまで同じ地位にありながら、旺盛《おうせい》な執筆活動を続けた。

　一九〇九年には雑誌『スバル』が創刊される。同年「ヰタ・セクスアリス」を発表したが発禁。一九一二年には明治天皇崩御《ほうぎょ》による乃木希典《のぎまれすけ》夫妻の殉死《じゅんし》に衝撃を受け、「興津弥五右衛門《おきつやごえもん》の遺書」を著《あらわ》した。これを皮切りに歴史小説の執筆を始め、「山椒大夫《さんしょうだゆう》」「高瀬舟《たかせぶね》」などを発表していくことになる。陸軍省の予備役となった後の一九一九年、帝国美術院の初代院長に就任。一九二二年、肺結核と萎縮腎《いしゅくじん》のため死去。六十歳だった。

←鷗外の四人の子供達。右から於菟《おと》（長男）、茉莉《まり》（長女）、杏奴《あんぬ》（二女）、類《るい》（三男）。二男の不律《ふりつ》は生後間もなく亡くなっている。名付けは鷗外によるもので、海外でも通用する名前にしたいという思いがあったという（写真：『婦人之友』一九三四年三月号に掲載。／写真提供：婦人之友社）

ポートマフィア

Sakunosuke Oda

織田作之助

能力名：天衣無縫《テンイムホウ》

Data｜年　齢：不明　｜身　長：185cm　｜体　重：不明

ポートマフィアの最下級構成員。五秒以上、六秒未満の未来を予知できる異能力「天《テン》衣《イ》無《ム》縫《ホウ》」の持ち主。最下級構成員でありながら、太宰がポートマフィアの幹部だった際は「織田作は怒らせない方がいい」と一目置かれ、太宰に憧れている芥川からは敵視されていた。抗争で親を失った孤児《こじ》たちを養い、絶対に人を殺さないという信条を守る。強力な能力を持ちながらも出世に興味がなく、組織の何でも屋として働いていた奇妙なマフィア。いつか小説家になるのが夢。

ポートマフィアで幹部だった太宰、秘密情報員だった安吾とは立場を超えて交流があり、バー「ルパン」で酒を飲み交わしていた仲。安吾が行方不明になった際、首領の森鴎外から勅命《ちょくめい》を受けて、安吾の捜索《そうさく》にあたるが、敵組織であるミミックの首領・ジイドとの戦いで命を落とす。絶命前に太宰へ告げた最期《さいご》の言葉が、太宰がポートマフィアを抜けるきっかけとなった。

――人を救う側になれ・・
どちらも同じなら・・・佳い人間になれ・・・

Q&A

→「ルパン」で撮影したこの一枚が、三人で写った最後の写真になった

織田作之助

Q 無頼派同士仲良し?

A.「東京文壇は坂口安吾一人にかきまわされとるねえ。だらしがないな」——織田が東京文壇をやっつけるダシに、坂口安吾をこきおろしていた。そう回想するのは、三高時代からの織田の親友・青山光二《あおやまこうじ》だ。無頼派と呼ばれることの多い織田作之助、坂口安吾、太宰治の三人。銀座のバー「ルパン」で撮られた三人の写真は有名だが、実は三人がはじめて一堂に会したのは織田の死のほんの前年の事。一九四六年十一月、座談会の仕事などのため大阪から東京へ上京した織田は太宰と坂口にはじめて出会う。青山によれば、冒頭の「こきおろし」発言の翌日あたりのことだ。

座談会を終えた織田は、坂口の独特かつ魅力的な人柄にころっと落とされ、すっかり夢中になっていたという。

Q しっぱい? シュッパイ?

A. アニメでは太宰が坂口に「シュッパイ仲間だ」と言う。一方、作家・織田作之助は「可能性の文学」の中で、太宰、坂口らと「ルパン」で呑んでいた時のことを次のように述懐している。

「太宰治はわれわれの小説は女を口説く道具にしたくっても出来ないじゃないか、われわれのような小説を書いていると、女が気味悪がって、口説いてもシュッパイするのは当り前だよと、津軽言葉で言った」

こちらもどうやら「シュッパイ仲間」だったようだ。

→作家・織田作之助も通った、難波・自由軒本店の名物カレー。織田の出世作「夫婦善哉《めおとぜんざい》」には、自由軒が登場する。「楽天地横の自由軒で玉子入りのライスカレーを食べた。「自由軒《ここ》のラ、ラ、ライスカレーは御飯にあんじょうま、ま、まむしてあるよって、うまい」(織田作之助「夫婦善哉」)

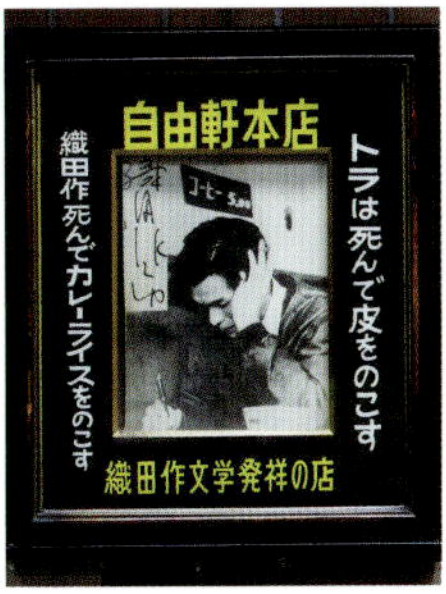

→自由軒本店には二代目店主がもらいうけた織田の写真が飾られている(写真は銀座の喫茶店キムラヤで執筆中の織田)

あらすじで読む

天衣無縫

政子《まさこ》の見合い相手は、軽部清正《かるべきよまさ》という男だった。相手の写真を見て「本当にどこから見ても風采《ふうさい》の上がらぬ人」だとがっかりした政子も、当日は入念に化粧をして出かけた。

しかし軽部は見合いに一時間遅れ、酒に酔ってやってきた。政子は遅刻した理由を勘繰《かんぐ》って口惜しい気持ちになり、更には軽部が滑稽《こっけい》な応答をするものだから、不機嫌になり口をつぐんで、この男と結婚なぞするものかと思った。しかし後日、仲人は軽部が政子のことを気に入ったと言う。政子はすっかり驚いてすぐに縁談を了承した。だが、真実はこうだ。軽部は見合いの日、酔って相手の顔がわからなかったのだが、見合いした以上断るのは相手を傷つける。見合いは一生に一度でよい。そこでともかく政子をもらうことにしたのだった。

婚約中、政子は軽部に対して腹立つことが多かった。欠勤した同僚の仕事をかわり待ち合わせに遅刻する。同僚にお金を貸して持ち合わせがなく、食事した店で政子が恥ずかしい思いをするなどである。軽部は高等学校の時から自分が金を借りてまで人に金を貸す悪いくせがあった。人の顔を見れば「金貸したろか」と声をかけ、相手には底抜けのお人よし加減を利用されていた。そのことを教えてくれた軽部の友人や政子の母は、政子に対して軽部の良さを説くのだった。

結婚後は軽部の頼りなさから、政子が厳しく金の管理をした。それでも軽部は、自分の服を質入れしてでも金を貸してしまう。政子は激昂《げっこう》して軽部を折檻《せっかん》するが、軽部は折檻されながらすやすや眠ってしまう。眠る軽部を見て政子は嫉妬をおぼえる。「あの人（軽部）は私のもの、私だけのものだ。私は妊娠しているのです」と。

軽部が帝大出身なのに出世しないのは、出退のタイムレコードを押し忘れていたせいだった。その事をきつく言うと、軽部はそんな事まで気をつけて偉くならないといけないのかと政子を睨《にら》み、昼間は同僚の仕事を引き受けて疲れてしまうのか、帰ってきてはすぐに寝入ってしまうのだった。

Key words

嫉妬　マイペース

1 min
1分でわかる

織田作之助

織田作之助

織田作之助は一九一三年十月二十六日、大阪に生まれた。大阪府立高津中学校を卒業後、一九三一年に第三高等学校（後の京都大学教養部）に進学。在学中、父が他界。一家離散し学費に苦しむ一方で、白崎礼三や瀬川健一郎との交流は深まった。一九三三年、『嶽水会雑誌』に戯曲「落ちる」を発表。三高を二度落第。この間に宮田一枝と出会い、後に同棲。一九三五年、同人雑誌『海風』創刊に参加。二十三歳で三度目の落第後、三高を退学となり上京した。

一九三八年、処女小説「ひとりすまう」を発表。一九三九年、大阪に戻ると一枝と正式に結婚し、日本工業新聞社へ入社。翌一九四〇年、二十七歳の時「俗臭」が芥川賞候補に。同年「夫婦善哉《めおとぜんざい》」を発表。のち日本工業新聞社を辞職し文筆一本の生活に入る。一九四一年、『青春の逆説』を刊行したが、しばらくして発売禁止処分となった。

一九四四年、三十一歳の時放送賞を受賞した「清楚」と「木の都」の主題をあわせて、「還って来た男」と改題して松竹で映画化された。同年、糟糠《そうこう》の妻・一枝が死去。その後、輪島昭子と知り合い同棲した。

一九四六年は「六白金星」「アド・バルーン」「世相」「競馬」など秀作を次々と発表。関西の新聞に連載を同時に二本抱えながら雑誌の小説も書くという、流行作家としての多忙を極めた。十一月末には、太宰治や坂口安吾らとの座談会にも参加。この年には声楽家・笹田和子と結婚するも十日ほどで別れ、昭子とよりを戻した。

十二月、大量喀血し東京病院に運ばれ、翌一九四七年、惜しまれながら死去した。

織田の死後、彼の通夜の席で青山にささやくようにして、太宰はこう語ったという。

『小説は、まだまだだけど――』

『織田のあの、死神を背負ってけんめいに走っているような姿勢だけは、永久に真似手がないね』

（青山光二『純血無頼派の生きた時代』）

一九三五年二月、三高在学中の一枚。左から織田作之助、白崎礼三、瀬川健一郎

Coffee Break

無頼派たちの集ったバー「ルパン」

撮影：林忠彦

撮影：林忠彦

銀座にバー「ルパン」が開業したのは一九二八年のこと。以来、約九十年にもわたり同店は銀座の同じ場所に根を下ろしている。日本で最も有名な文壇バーといっても過言ではないこの店に、作家では泉鏡花、川端康成、直木三十五、林芙美子や、文藝春秋社を創設した菊池寛、画壇では岡本太郎なども訪れた。

多くの文壇・画壇・演劇界の著名人が通ったこの店で、太宰治、坂口安吾、そして織田作之助らが、こちらも著名な写真家・林忠彦によって撮影された三枚の写真はあまりにも有名だ。

撮影した林忠彦は、当時「ルパン」を編集者らとの打ち合わせ場所として、事務所のように使用していた。三人の中で林と一番昵懇《じっこん》にしていたのは坂口安吾で、林は、安吾が彼の妻・三千代夫人にも見せていなかった散乱した室内までも撮影している(P.120)。

そんな林が織田作之助とあいまみえたばかりの頃、林には織田が異様に見えたという。長髪で大阪弁を話し、当時は珍しい革のジャンパー(※)を着て、顔面は蒼白。

「チラッチラッと気になって見ていると、やたらに咳き込む。ハンカチにパッと咳き込んで痰《たん》を出すと、血痰が出ているように見えたんですね。あっ、これはいけねえな、と思いました。この作家は、あんまり長く

撮影：林忠彦

地下への階段を下りると、一九三五年から変わらぬタモのバーカウンターが迎えてくれる。安吾はゴールデンフィズを好んで呑んだという

ないから撮っておかなければ、と思いました」（林忠彦『文士の時代』）

この時大阪に住んでいた織田は、座談会などの仕事のため、上京してきていた。林はルパンで三、四度ほど織田を撮影した。太宰を撮影したのもその時だ。織田とは反対側のほうから「おい、俺も撮れよ。織田作ばっかり撮って。俺も撮れよ」とわめいたのが、当時新進気鋭の作家だった太宰。三枚の中で最も有名な一枚となったが、当の林はその時が太宰との初対面だった。当時は広角レンズもないため、トイレのドアを開けて中に入って〝引き〟をつくり、撮影した。つまり、織田作の「ついで」に撮られたのだ。

ルパンは一九七二年に改築しているが、太宰が座っていた椅子も、タモのバーカウンターも往時のままに、現在もなお現役で活躍中だ。現在のトイレのドアは、以前には店の入り口として使用していたもの。そのため、お客様の中には「太宰さんと握手」と嬉しそうにドアノブを握る人もいるのだとか。

店内に入るとその雰囲気に、昭和を駆け抜けた作家たちの声が今にも聞こえてくるようだ。

（※）織田の友人である青山光二の回想によると、この革のジャンパーは「京都の松竹下加茂撮影所宣伝部のボスで製作主任でもあった清水金一郎氏から、作之助が、まきあげるようにしてゆずりうけたもの」であるといい、織田本人も「清水の金ちゃんからまきあげた」と得意そうに笑っていたという。

第参幕

内務省異能特務課
職員名簿

Staff Directory

坂口安吾

内務省異能特務課

Ango Sakaguchi

坂口安吾

能力名：堕落論《ダラクロン》

Data｜年　齢：不明　｜身　長：178cm　｜体　重：不明

——もし許されるなら太宰君と3人で
もう一度酒を飲みたかった…

内務省異能特務課で参事官《さんじかん》補佐をしている、太宰の古なじみ。丸眼鏡をかけ、口の左側に黒子《ほくろ》がある。能力名は「堕落論《ダラクロン》」。異能特務課は異能組織犯罪を取り締まる組織で、探偵社とは協力関係にある。異能特務課の最高指揮官・種田《たねだ》山頭火《さんとうか》長官の部下。

かつてはポートマフィアにスパイとして潜入し秘密情報員として動いていたが、当時、安吾の頭の中には黄金よりも貴重なポートマフィア内部情報が詰まっていると言われていた。マフィアに潜入していた頃、最年少幹部だった太宰と構成員だった織田作とは、役職を超えて親しくしていた仲。だが、安吾は敵組織・ミミックとの三重スパイだったため、結果として織田作を死に至らしめるきっかけともなった。そのため、太宰との間には未だ禍根《かこん》が残っている。太宰とは古なじみというだけではない因縁《いんねん》を持っているが、取引においては双方冷静さを保っている。

Q&A

→無頼派の中でも作家・坂口安吾は相当の大酒呑みだった。太宰もよく酒を呑んだが、織田作はあまり呑めなかったようだ

Q 「安吾」の由来は？

A. 本名が炳五《へいご》であった安吾。勉学に身が入らず学校を無断欠席することも多かった新潟中学時代、「安吾」の名は生まれた。当時勉強もせず好き放題に振る舞っていた安吾は、漢文の時間に当てられたものの答えることができなかった。日頃の行いに痺《しび》れを切らしていた教師は「お前なんか炳五という名は勿体《もったい》ない。自己に暗い奴だからアンゴと名のれ」と言って黒板に吾に暗い者、すなわち「暗吾」と書き付けた。それを切っ掛けに仲間内では安吾のことを「アンゴ」と呼ぶようになり、後に「安吾」の漢字が当てられた。また、本名である「炳五」の五の字を嫌って幼い頃から「炳吾」と署名していたという。

Q 太宰の死後に太宰を語る？

A. 一九四六年に座談会をおこない、バー「ルパン」に集った織田作之助、太宰治、坂口安吾ら無頼派の三人だったが、結核によって織田作、心中によって太宰がこの世を去っていく。太宰と安吾の共通の友人であった檀一雄は、更に石川淳を加えた三人を文学に対して誠実で自覚的な「孤独な魂」と称した。安吾は「不良少年とキリスト」の中で、太宰の死を新聞の報道より早く知ったことを思い返しながら、太宰の人や作品について語っている。安吾にとって、最期まで「フツカヨイ」的な自虐の中にいた太宰は健全で整然とした常識人であった。そんな太宰自身がまっとうさへの自覚を持たない「不良少年」だったことを述べつつ、「人間は生きることが、全部である。」とその死を惜しんでいる。

→『文スト』の安吾はめったに本心を覗かせない物静かな男だが、作家の安吾は自由奔放なふるまいや、はったりの言動などで周りを振りまわすこともあったようだ。だが、もちろんそれが彼の魅力でもあった

あらすじで読む

堕落論

戦争が終わってから半年が経った。生き残った若者たちは闇屋になり、残された女性たちも新たな面影《おもかげ》を胸に宿す。それは戦争の後に人が変わってしまったせいではなく、人間の元来の姿なのだ。かつて赤穂《あこう》四十七士が助命の嘆願にもかかわらず処刑された一面には、生き残った者が生き恥を晒《さら》し彼らの名を汚すことを心配する心があったという。忠義のために仇討《あだう》ちをした武士たちは果たして真の復讐への情熱を持っていたのだろうか。武士たちが自らの心情ではなく仇討ちの法則に従って仇敵を追ったように、日本人を本心に反する戦闘に駆り立てるためには規約が必要だった。政治家の中でも少数の天才は管理や支配へと目を向けて新たな方法を独創する。その方法が個々の時代を貫く巨大な意志となって歴史を形作り、第二次世界大戦へと流れていったのだ。

美しいものを美しいまま終わらせたいという小さな希《ねが》いは人情である。未完の美は美ではない。戦争の最中、運命に従順な人間の姿は奇妙に美しかった。戦時中の日本ではどんな深夜でもオイハギはなく、戸締まりなしで眠る嘘のような理想郷だった。戦争という偉大な破壊の下には運命こそあれ、堕落はなかった。それに比べれば敗戦後はただの堕落である。しかし、堕落という驚くべき平凡さに比べるなら、偉大な破壊の運命に従順な人間たちの美しさなど虚しい幻影にすぎないだろう。日本は負け、武士道も亡びたが、堕落によってはじめて人間が誕生した。戦争に負けたから堕ちるのではない、人間だから堕ちるのである。堕落を防ぐことはできず、防ぐことによって人を救うことはできない。弱い人間は堕ちきることができないまま、また武士道のような規則を生み出すだろう。

それでも政治による救いなどに頼らず自分自身の武士道をあみだすために、人は正しく堕ちる道を堕ちきることによって自分自身を発見し、救わなければならないのだ。

Key words

敗戦　実存

あらすじで読む

桜の森の満開の下

人の気配がない桜の森は恐ろしく、人の気を変にする。かつて鈴《すず》鹿《か》峠《とうげ》にも桜の森を通らなければならない道があった。ある時、情け容赦《ようしゃ》のない山《さん》賊《ぞく》が一人、その山に住みはじめた。こんな山賊でも桜の森の花の下は恐ろしく、その秘密を考えようという思いもただ先延ばしにするほかないのだった。ある時、山賊は街道を行く旅人を襲って八人目の女房を連れ帰る。いつもならば女の亭主は着物だけを奪い追い払っていたはずが、あまりに女が美しすぎたため、山賊は女の亭主を斬り捨ててしまった。女を連れた山賊が家に帰り着くと、七人の女房が出迎える。女は女房たちの汚さに驚いた。女は、一番醜い上に足を引きずった一人を除き全員を斬り捨てるよう山賊をそそのかす。命じられるがまま事を終えた山賊は女の美しさに目を奪われながら、桜の森の満開の下を通る時と同じ言いしれぬ不安を覚えるのだった。都を懐かしむ女のため山賊は都へ行くことを決意する。出立の前に満開の桜へと一人挑んだ山賊は、己の無力さを知った。

男と女は都に住みはじめた。女が男に着物や宝石のみならず、襲った家に住む人の首を取ってくるよう強く求めた。その首で女は毎日首遊びをし、飽きればまた次の首を望んだ。都での繰り返す日々に退屈しきっていた男は、ある日とうとう首を取ってこいという女の命令を拒絶して都の家から出て行った。男は女を殺すことで日々に決着が付けられると考え苦しみながら、山中を歩き、都を捨て山へ帰ることを決意した。男の持ってくる首をいのちのように大切に思う女は男の願いにひとまず応じることを決める。女を背負いながら満開の桜の森の下を通る鈴鹿峠の旧道を歩く中で、ふと男は背中にいるのが女ではなく鬼であることに気がついた。無我夢中で鬼の首を絞めた男が気を取り戻すと、目の前にあるのは女の屍体。悲しみを知って涙を流す男の上に花びらが降り積もり、あとには花びらと虚空《こくう》がはりつめるばかりだった。

Key words

絶対的孤独　戯作文学

1 min

1分でわかる

坂口安吾

坂口安吾、本名・炳五《へいご》は一九〇六年、新潟県新潟市で父・仁一郎、母・アサのもとに生まれた。名前の由来は丙《へい》午《ご》の年に生まれた五男であることによっている。十三人兄弟の中では十二番目、下には五つ年の離れた妹・千鶴がいた。坂口家は地元の名家。父・仁一郎は漢詩人として五峰という号を持ち、衆議院議員と新潟新聞社の社長を務めていたが、財産は祖父・得七の投機失敗と仁一郎の政治資金とによって激減し零落《れいらく》の一途をたどっていた。安吾は一九一三年に新潟尋常高等小学校へ入学。腕っ節の強いガキ大将だったのみならず成績もよかったが、一番ではなく二番か三番だったという。一九一九年に新潟県立新潟中学へ進学した後は谷崎潤一郎や芥川龍之介の作品を読んだ。在学中に異母姉であるシウが嫁いだ先の姑に毒を呑ませたという噂が流れ、地元の新聞『新潟毎日新聞』にも取り上げられた。異母姉のうちシウとユキとがこれに関わったとされており、アサは後始末に奔走した。不良少年となっていた安吾は近視の進行や教師を殴った事件により一九二二年新潟中学から東京の護国寺にある豊山《ぶざん》中学へと転校することになる。東京では仁一郎や長兄夫妻などと同居していた。豊山中学では得意のスポーツで活躍し、一九二四年の全国中等学校陸上競技会では走り高跳びで優勝している。

一九二三年に借金を残して仁一郎が他界。中学卒業後の安吾は勉強嫌いだったため進学はせず、

←安吾と親しくしていた写真家の林忠彦が、安吾の仕事部屋を見たいと頼みこんで撮影した一枚。「この女（※）にも見せたことない部屋を見せられるか」（※安吾の妻・三千代）と言われたものの、林がねばったすえに安吾が折れた。床には1センチほどのほこりが積もり、机の周りは紙クズだらけだったが、「原稿の文字は実にきれい」だったという（撮影：林忠彦）

坂口安吾

荏原《えばら》尋常高等小学校の代用教員として就職、五年生を担当した。この頃初めて創作と内心とのピッタリ合一《ごういつ》した境地を味わったという。翌年退職して無試験だった東洋大学の印度哲学倫理学科に入学、さとりの境地を極めようと試みた。中学時代は全く勉強家ではなかった安吾だが、大学では一日の睡眠時間を四時間と定めて必死に勉強した。しかし無理がたたった上に芥川の自殺が重なり精神状態が悪化、実家に戻って療養することになる。二十一歳の時には語学によって精神を安定させようと考え、チベット語などを学び始めた。同年アテネ・フランセに入学してフランス語とラテン語を学ぶ。この頃から本格的な小説執筆を開始。一九三〇年にアテネ・フランセに通う友人たちとともに同人雑誌『言葉』を創刊するも二号で廃刊。後継誌は『青い馬』と誌名を変えて岩波書店より刊行された。『青い馬』に掲載された「風《かぜ》博士《はかせ》」「黒谷村《くろたにむら》」が牧野信一《まきのしんいち》の激賞を受け、実質的な文壇デビューを果たすことになる。戦後の一九四六年に発表された「堕落論」「白痴《はくち》」によって流行作家となった。一九四九年には「不連続殺人事件」が探偵作家クラブ賞を受賞したが、当時安吾は蓄膿《ちくのう》症《しょう》治療によるアドルム中毒をおこして二階の窓から飛び降りた直後。東大病院の神経科に入院中だったため授賞式は欠席した。一九五五年、取材旅行から帰宅して二日後に脳出血のため死去。四十八歳の若さだった。

↑一九四九年九月、療養のために転地した伊東の海岸で三千代夫人と

【主要参考文献】

・中島敦『中島敦全集　第一巻』筑摩書房（一九七六）
・中島敦『中島敦全集　第三巻』筑摩書房（一九七六）
・勝又浩『中島敦の遍歴』筑摩書房（二〇〇四）
・村山吉廣『評伝・中島敦　家学からの視点』中央公論新社（二〇〇二）
・『KAWADE道の手帖　中島敦』河出書房新社（二〇〇九）
・中島敦『李陵・山月記』新潮文庫（一九六九）
・『生誕100年記念　図説　中島敦の軌跡』中島敦の会（二〇〇九）
・『没後五〇年　中島敦展　―一閃の光芒―』神奈川文学振興会（一九九二）
・太宰治『太宰治全集　別巻』筑摩書房（一九九二）
・堤重久『恋と革命　評伝・太宰治』講談社現代新書（一九七三）
・津島美知子『回想の太宰治』人文書院（一九七八）
・安藤宏編『日本文学研究論文集成41　太宰治』若草書房（一九九八）
・『文芸読本　太宰治』河出書房新社（一九七五）
・山内祥史『太宰治の年譜』大修館書店（二〇一二）
・井伏鱒二『太宰治』筑摩書房（一九八九）
・東郷克美『太宰治という物語』筑摩書房（二〇〇一）
・相馬正一『増補　若き日の太宰治』津軽書房（一九九一）
・吉田和明『さまよえる〈非在〉　太宰治という〈フィクション〉』パロル舎（一九九三）
・太宰治『斜陽』新潮文庫（二〇〇三）
・太宰治『人間失格』角川文庫（二〇〇七）
・『文藝　臨時増刊号　太宰治讀本』河出書房（一九五六）

・『新潮日本文学アルバム　19　太宰治』新潮社（一九八三）
・国木田独歩『牛肉と馬鈴薯　他三編』岩波文庫（一九六五）
・国木田独歩『号外・少年の悲哀　他六編』岩波文庫（一九三九）
・国木田独歩『定本　国木田独歩全集　第十巻』学習研究社（一九六七）
・黒岩比佐子『編集者　国木田独歩の時代』角川学芸出版（二〇〇七）
・江馬修『人及び芸術家としての国木田独歩』日本図書センター（一九八五）
・江戸川乱歩『江戸川乱歩傑作選』新潮文庫（一九六〇）
・「特集　二十面相な作家　江戸川乱歩のパノラマワールド」『文蔵　vol.26』ＰＨＰ研究所（二〇〇七）
・紀田順一郎『乱歩彷徨―なぜ読み継がれるのか』春風社（二〇一一）
・小林信彦『回想の江戸川乱歩』メタローグ（一九九四）
・『新文芸読本　江戸川乱歩』河出書房新社（一九九二）
・『新潮日本文学アルバム　41　江戸川乱歩』新潮社（一九九三）
・谷崎潤一郎『痴人の愛』角川文庫（二〇一六）
・谷崎潤一郎『谷崎潤一郎全集　第二十五巻』中央公論新社（二〇一六）
・『文藝別冊　谷崎潤一郎』河出書房新社（二〇一五）
・千葉俊二、アンヌ　バヤール・坂井編『谷崎潤一郎　境界を超えて』笠間書院（二〇〇九）
・山口政幸『日本の作家１００人　人と文学　谷崎潤一郎』勉誠出版（二〇〇四）
・『新潮日本文学アルバム　7　谷崎潤一郎』新潮社（一九八五）
・上田博、富村俊造編『与謝野晶子を学ぶ人のために』世界思想社（一九九五）
・入江春行『与謝野晶子とその時代』新日本出版社（二〇〇三）
・入江春行『コレクション日本歌人選039　与謝野晶子』笠間書院（二〇一一）
・香内信子『与謝野晶子』ドメス出版（一九九三）
・香内信子『與謝野晶子と周辺の人びと』創樹社（一九九八）

・國文學編集部編『鉄幹・晶子』学燈社（二〇〇七）
・吉田精一編『日本詩人選１　与謝野晶子歌集』小沢書店（一九九七）
・日高堯子『黒髪考、そして女歌のために』北冬舎（一九九九）
・原子朗『宮沢賢治とはだれか』早稲田大学出版部（一九九九）
・境忠一『評伝・宮澤賢治』桜楓社（一九七五）
・千葉一幹『宮沢賢治　すべてのさいはひをかけてねがふ』ミネルヴァ書房（二〇一四）
・宮城一男、高村毅一『宮沢賢治と植物の世界』築地書館（一九八〇）
・小森陽一『最新　宮沢賢治講義』朝日新聞社（一九九六）
・宮沢賢治『宮澤賢治　近代と反近代』洋々社（一九九一）
・伊藤光弥『イーハトーヴの植物学』洋々社（二〇〇一）
・中村稔『定本・宮澤賢治』芳賀書店（一九六六）
・宮沢賢治『新編　銀河鉄道の夜』新潮文庫（一九八九）
・宮沢賢治『新校本宮沢賢治全集　第十六巻（下）』筑摩書房（二〇〇一）
・『新潮日本文学アルバム　12　宮沢賢治』新潮社（一九八四）
・泉鏡花『春昼・春昼後刻』岩波文庫（一九八七）
・泉鏡花『夜叉ヶ池・天守物語』岩波文庫（一九八四）
・泉鏡太郎『鏡花全集　別巻』岩波書店（一九八九）
・吉村博任『泉鏡花の世界　幻想の病理』牧野出版（一九八三）
・眞有澄香『日本の作家１００人　人と文学　泉鏡花』勉誠出版（二〇〇七）
・巖谷大四『人間　泉鏡花』東京書籍（一九七九）
・手塚昌行『泉鏡花とその周辺』武蔵野書房（一九八九）
・『新潮日本文学アルバム　22　泉鏡花』新潮社（一九八五）
・福澤諭吉著／齋藤孝訳『現代語訳　文明論之概略』ちくま文庫（二〇一三）

・福沢諭吉著／松沢弘陽校注『文明論之概略』岩波文庫（一九九五）
・『河出人物読本　福沢諭吉』河出書房新社（一九八四）
・平山洋『福澤諭吉』ミネルヴァ書房（二〇〇八）
・ひろたまさき『福沢諭吉』岩波現代文庫（二〇一五）
・芥川龍之介『芥川龍之介全集5』ちくま文庫（一九八七）
・芥川龍之介『羅生門・鼻・芋粥』角川文庫（二〇〇七）
・芥川龍之介『芥川龍之介全集　第十二巻』岩波書店（一九七八）
・海老井英次『日本の作家100人　人と文学　芥川龍之介』勉誠出版（二〇〇三）
・福田清人、笠井秋生『芥川龍之介　人と作品7』清水書院（一九六六）
・『新潮日本文学アルバム　13　芥川龍之介』新潮社（一九八三）
・樋口一葉『にごりえ・たけくらべ』新潮文庫（二〇〇三）
・戸松泉『日本の作家100人　人と文学　樋口一葉』勉誠出版（二〇〇八）
・西尾能仁『一葉・明治の新しい女』有斐閣出版サービス（一九八三）
・『新潮日本文学アルバム　3　樋口一葉』新潮社（一九八五）
・中原思郎『兄中原中也と祖先たち』審美社（一九七〇）
・長沼光彦『中原中也の時代』笠間書院（二〇一一）
・宇佐美斉『中原中也とランボー』筑摩書房（二〇一一）
・長谷川晃『中原中也─キリスト教とダダイズム』響文社（二〇〇九）
・太田静一『中原中也「在りし日の歌」全釈』鳥影社（一九九七）
・中原中也『新編 中原中也全集〈第一巻〉詩Ⅰ』角川書店（二〇〇〇）
・『新潮日本文学アルバム　30　中原中也』新潮社（一九八五）
・梶井基次郎『檸檬』新潮文庫（二〇〇三）
・梶井基次郎著／淀野隆三、中谷孝雄編『梶井基次郎全集　第三巻』筑摩書房（一九五九）

・広津和郎編『廣津柳浪集』筑摩書房（一九六五）
・紅野謙介『広津和郎』日本図書センター（一九九八）
・広津柳浪『河内屋・黒蜥蜴 他一篇』岩波文庫（一九五二）
・立原道造『新編 立原道造詩集』角川文庫（一九五二）
・立原道造『立原道造全集 第一巻 詩集Ⅰ』角川書店（一九七一）
・郷原宏『立原道造』花神社（一九八〇）
・林尚孝『仮面の人・森鷗外』同時代社（二〇〇五）
・山崎一穎『Spirit 作家と作品 森鷗外』有精堂出版（一九八五）
・『新潮日本文学アルバム 1 森鷗外』新潮社（一九八五）
・森鷗外『鷗外全集 第三十八巻』岩波書店（一九七五）
・森鷗外『雁』新潮文庫（二〇〇八）
・山本巖『夢野久作の場所』書肆侃侃房（二〇一四）
・西原和海『夢野久作の世界』沖積舎（一九九一）
・夢野久作『夢野久作全集 7』三一書房（一九七〇）
・夢野久作『ドグラ・マグラ 上』角川文庫（一九七六）
・夢野久作『ドグラ・マグラ 下』角川文庫（一九七六）
・夢野久作『少女地獄』角川文庫（一九七六）
・尾崎紅葉原著／山田有策著『尾崎紅葉の「金色夜叉」』角川ソフィア文庫（二〇一〇）
・『現代国民文学全集 第三十三巻 尾崎紅葉 泉鏡花集』角川書店（一九五八）
・『日本近代文学大系 第五巻 尾崎紅葉集』角川書店（一九七一）
・泉鏡花『鏡花全集 第十五巻』春陽堂（一九二七）
・織田作之助『天衣無縫』角川文庫（二〇一六）
・織田作之助『夫婦善哉』新潮文庫（二〇〇〇）

・伊藤整他編『日本現代文学全集　95　織田作之助　田中英光　原民喜集』講談社（一九六六）
・大谷晃一『織田作之助――生き、愛し、書いた。』沖積舎（一九九八）
・オダサク倶楽部編『織田作之助　昭和を駆け抜けた伝説の文士〝オダサク〟』河出書房新社（二〇一三）
・オダサク倶楽部編『織田作之助の大阪』平凡社（二〇一三）
・青山光二『純血無頼派の生きた時代――織田作之助・太宰治を中心に』双葉社（二〇〇一）
・織田昭子『わたしの織田作之助　その愛と死』サンケイ新聞社出版局（一九七一）
・坂口安吾『桜の森の満開の下』講談社文芸文庫（一九八九）
・坂口安吾『定本　坂口安吾全集　第十三巻』冬樹社（一九七一）
・佐橋文寿『坂口安吾　その生と死』春秋社（一九八〇）
・若月忠信『坂口安吾の旅』春秋社（一九九四）
・坂口綱男『安吾と三千代と四十の豚児と』集英社（一九九九）
・坂口安吾『坂口安吾全集14』ちくま文庫（一九九〇）
・七北数人『評伝　坂口安吾　魂の事件簿』集英社（二〇〇二）
・林忠彦『文士の時代』中公文庫（二〇一四）
・『新潮日本文学アルバム　35　坂口安吾』新潮社（一九八六）
・日本近代文学館編『日本の近代文学』読売新聞社（一九六四）
・佐川章『作家のペンネーム辞典』創拓社（一九九〇）

〈資料提供・協力者〉
（敬称略）

芦屋市谷崎潤一郎記念館　amanaimages　泉鏡花記念館
神奈川近代文学館　銀座ルパン　鞍馬寺　国立国会図書館
さかい利晶の杜　自由軒 難波本店　周南市美術博物館
中原中也記念館　日本近代文学館　日本写真保存センター
林義勝　ヒアシンスハウスの会　平井憲太郎
婦人之友社　文藝春秋　渡辺義雄

文豪ストレイドッグス　公式国語便覧
（検印省略）

2016年12月21日　第1刷発行
2024年５月10日　第19刷発行
監修　文豪ストレイドッグス製作委員会
著者　佐柄 みずき（さがら みずき）

発行者　山下直久
発行所　株式会社KADOKAWA
東京都千代田区富士見2-13-3　〒102-8177
電話　0570-002-301（ナビダイヤル）

DTP　ニッタプリントサービス
印刷・製本　図書印刷

ISBN978-4-04-601772-7　C0076　Printed in Japan.